INVESTIMENTO IMOBILIÁRIO E TURÍSTICO EM CABO VERDE

JOSÉ LIMÓN CAVACO | LUÍS BORGES RODRIGUES
FERNANDO AGUIAR MONTEIRO

INVESTIMENTO IMOBILIÁRIO E TURÍSTICO EM CABO VERDE

Legislação

INVESTIMENTO IMOBILIÁRIO E TURÍSTICO EM CABO VERDE – LEGISLAÇÃO

AUTORES
JOSÉ LIMÓN CAVACO
LUÍS BORGES RODRIGUES
FERNANDO AGUIAR MONTEIRO

DISTRIBUIDORA
EDIÇÕES ALMEDINA. SA
Av. Fernão Magalhães, n.º 584, 5.º Andar
3000-174 Coimbra
Tel.: 239 851 904
Fax: 239 851 901
www.almedina.net
editora@almedina.net

PRÉ-IMPRESSÃO | IMPRESSÃO | ACABAMENTO
G.C. GRÁFICA DE COIMBRA, LDA.
Palheira – Assafarge
3001-453 Coimbra
producao@graficadecoimbra.pt

Abril, 2010

DEPÓSITO LEGAL
310215/10

Os dados e as opiniões inseridos na presente publicação
são da exclusiva responsabilidade do(s) seu(s) autor(es).

Toda a reprodução desta obra, por fotocópia ou outro qualquer
processo, sem prévia autorização escrita do Editor, é ilícita
e passível de procedimento judicial contra o infractor.

Biblioteca Nacional de Portugal – Catalogação na Publicação

PORTUGAL. Leis, decretos, etc.

Investimento imobiliário e turístico em Cabo Verde :
legislação / [compil.] José Limón Cavaco, Luís
Borges Rodrigues, Fernando Aguiar Monteiro. – (Códigos anotados)
ISBN 978-972-40-4181-0

I – CAVACO, José Limón
II – RODRIGUES, Luís Borges
III – MONTEIRO, Fernando Aguiar

CDU 349
347
332
338

PREFÁCIO

Cabo Verde tornou-se, desde 2005, num fenómeno de mediatismo internacional baseado numa alargada campanha internacional de promoção das suas excelentes condições enquanto potencial destino de investimento imobiliário turístico. A este apelo acorreram investidores internacionais de diversas origens; mas essencialmente britânicos e italianos. Salvo uma excepção, não se vislumbrou qualquer aproximação dos investidores portugueses.

Tendo ignorado, em meados dos anos 90, o primeiro momento da história do investimento turístico em Cabo Verde não se compreenderia que numa nova oportunidade a distracção dos empresários turísticos portugueses voltasse a ocorrer desperdiçando inquestionáveis oportunidades.

As empresas de construção portuguesas já se encontram instaladas no mercado; Portugal é hoje o maior emissor de turistas para o arquipélago, os nossos operadores turísticos têm o *know-how* necessário (talvez não a dimensão) para promoção internacional do destino e conhecem bem os circuitos internos do arquipélago; as condições naturais, de excelência, que o arquipélago oferece mantêm-se magníficas, a estabilidade política, social e económica são garantes de um regime democrático ao estilo ocidental.

Acresce que existem hoje boas infraestruturas de acolhimento, e refiro-me aos quatro aeroportos internacionais em funcionamento (Sal, Santiago, Boavista e São Vicente), a par de uma melhor percepção das autoridades caboverdeanas sobre as condições necessárias para que se materialize um investimento turístico de qualidade internacional. O que faltará então que desperte um olhar mais atento dos investidores portugueses?

Provavelmente uma útil e clarificadora compilação legislativa que reunisse o disperso dispositivo legal e o adicionasse ao conhecido atractivo natural do arquipélago. Essa lacuna, graças à oportuna iniciativa dos autores deste documento, experientes na prática jurídica em ambos os países, encontra-se agora colmatada.

Reconhecendo a sua utilidade a Câmara de Comércio Indústria e Turismo Portugal Cabo Verde não hesitou em co-patrocinar esta publicação que juntamente com outras já existentes vão divulgando o quadro favorável ao investimento em Cabo Verde. O que desejamos é que esta contribuição seja reconhecida e encaminhe os investidores que possuam as qualidades necessárias para viabilizar o inegável potencial turístico do arquipélago caboverdeano.

JOÃO MANUEL CHANTRE

Vice-Presidente Executivo
Câmara de Comércio Indústria e Turismo Portugal Cabo Verde

NOTA PRÉVIA

Condições geográficas e climatéricas únicas, uma situação politica estável, e múltiplos incentivos concedidos aos investimento, tornaram Cabo Verde num mercado internacionalmente atractivo para as actividades económicas relacionadas com o imobiliário turístico (resorts, hotéis, aparthotéis e segunda habitação).

Sendo o acesso à legislação local uma das grandes dificuldades com que os investidores estrangeiros normalmente se deparam, visa a presente colectânea abarcar os mais importantes textos legislativos que regulam o referido sector, nas suas sucessivas fases operacionais e correspondentes áreas do direito.

Nesse sentido, compilámos de forma sistemática os diplomas legais referentes às seguintes actividades e processos: formalização e apoio ao investimento externo; promoção e licenciamento de projectos imobiliários; licenciamento hoteleiro e turístico; contratualização civil; incentivos públicos à actividade turística; e defesa do consumidor.

Em nosso entender, a presente colectânea permitirá a investidores e a profissionais do direito, obter não só uma perspectiva geral do quadro legal aplicável, mas também um instrumento de trabalho para o planeamento e operação neste sector de actividade em Cabo Verde.

Lisboa, Fevereiro de 2010

OS AUTORES

PROPRIEDADE
E CONTRATUALIZAÇÃO CIVIL

CONSTITUIÇÃO DA REPÚBLICA DE CABO VERDE

(Trechos relevantes)

(...)

TÍTULO III

Direitos e Deveres Económicos, sociais e culturais

ARTIGO 67.º
(Iniciativa privada)

A iniciativa privada exerce-se livremente no quadro definido pela Constituição e pela lei.

ARTIGO 68.º
(Direito à propriedade privada)

1. É garantido a todos o direito à propriedade privada e à sua transmissão em vida ou por morte, nos termos da Constituição e da lei.

2. É garantido o direito à herança.

3. A requisição ou expropriação por utilidade pública só podem ser efectuadas com base na lei e sempre mediante o pagamento da justa indemnização.

(...)

ARTIGO 71.º
(Habitação e urbanismo)

1. Todos os cidadãos têm direito a habitação condigna.

2. Para garantir o direito à habitação, incumbe, designadamente, aos poderes públicos:

a) Promover a criação de condições económicas, jurídicas institucionais e infra-estruturais adequadas, inseridas no quadro de uma política de ordenamento do território e do urbanismo;

b) Fomentar e incentivar a iniciativa privada na produção de habitação e garantir a participação dos interessados na elaboração dos instrumentos de planeamento urbanístico.

(...)

Artigo 80.º
(Direitos dos consumidores)

1. Os consumidores têm direito à qualidade dos bens e serviços consumidos, à adequada informação, à protecção da saúde, da segurança e dos seus interesses económicos, bem como à reparação dos danos sofridos pela violação de tais direitos.

2. Os poderes públicos fomentam e apoiam as associações de consumidores, devendo a lei proteger os consumidores e garantir a defesa dos seus interesses.

(...)

Parte III
Organização económica e Financeiro

Artigo 90.º
(Princípios gerais da organização económica)

1. A exploração das riquezas e recursos económicos do país, qualquer que seja a sua titularidade e as formas de que se revista, está subordinada ao interesse geral.

2. O Estado garante as condições de realização da democracia económica, assegurando, designadamente:

a) A fruição por todos os cidadãos dos benefícios resultantes do esforço colectivo de desenvolvimento, traduzida, nomeadamente na melhoria quantitativa e qualitativa do seu nível e condição de vida;

b) A igualdade de condições de estabelecimento, actividade e concorrência dos agentes económicos;

c) A regulação do mercado e da actividade económica;

d) O ambiente favorável ao livre e generalizado acesso ao conhecimento, à informação e à propriedade;

e) O desenvolvimento equilibrado de todas as ilhas e o aproveitamento adequado das suas vantagens específicas.

3. As actividades económicas devem ser realizadas tendo em vista a preservação do ecossistema, a durabilidade do desenvolvimento e o equilíbrio das relações entre o homem e o meio envolvente.

4. O Estado apoia os agentes económicos nacionais na sua relação com o resto do mundo e, de modo especial, os agentes e actividades que contribuam positivamente para a inserção dinâmica de Cabo Verde no sistema económico mundial.

5. O Estado incentiva e apoia, nos termos da lei, o investimento externo que contribua para o desenvolvimento económico e social do país.

6. É garantida, nos termos da lei, a coexistência dos sectores público e privado na economia, podendo também existir propriedade comunitária autogerida.

7. São do domínio público:

a) As águas interiores, as águas arquipelágicas, o mar territorial, seus leitos e subsolos, bem como os direitos de jurisdição sobre a plataforma continental e a zona económica exclusiva, e ainda todos os recursos vivos e não vivos existentes nesses espaços;

b) Os espaços aéreos sobrejacentes às áreas de soberania nacional acima do limite reconhecido ao proprietário;

c) Os jazigos e jazidas minerais, as águas subterrâneas, bem como as cavidades naturais, existentes no subsolo;

d) As estradas e caminhos públicos, bem como, as praias;

e) Outros bens determinados por lei.

8. É, ainda, do domínio público do Estado, a orla marítima, definida nos termos da lei, que deve merecer atenção e protecção especiais.

9. A lei regula o regime jurídico dos bens do domínio público do Estado, das autarquias locais e comunitário, na base dos princípios da inalienabilidade, da imprescritibilidade, da impenhorabilidade e da desafectação.

(...)

ARTIGO 93.º
(Sistema fiscal)

1. O sistema fiscal é estruturado com vista a satisfazer as necessidades financeiras do Estado e demais entidades públicas, realizar os objectivos da política económica e social do Estado e garantir uma justa repartição dos rendimentos e da riqueza.

2. Os impostos são criados por lei, que determinará a incidência, a taxa, os benefícios fiscais e as garantias dos contribuintes.

3. Ninguém pode ser obrigado a pagar impostos que não tenham sido criados nos termos da Constituição ou cuja liquidação e cobrança se não façam nos termos da lei.

4. Aprovado o Orçamento do Estado para o ano económico-fiscal, não pode, nesse mesmo ano, ser alargada a base de incidência nem agravada a taxa de qualquer imposto.

5. Pode haver impostos municipais.

6. A lei fiscal não tem efeito retroactivo, salvo se tiver conteúdo mais favorável para o contribuinte

CÓDIGO CIVIL

LIVRO I
Parte Geral

(...)

CAPÍTULO II
Fontes das obrigações

SECÇÃO I
Contratos

(...)

SUBSECÇÃO II
Contrato-promessa

ARTIGO 410.º
(Regime aplicável)

1. À convenção pela qual alguém se obriga a celebrar certo contrato são aplicáveis as disposições legais relativas ao contrato prometido, exceptuadas as relativas à forma e as que, por sua razão de ser, não se devam considerar extensivas ao contrato-promessa.

2. Porém, a promessa relativa à celebração de contrato para o qual a lei exija documento, quer autêntico, quer particular, só vale se constar de documento assinado pelos promitentes.

Artigo 411.º
(Promessa unilateral)

Se o contrato-promessa vincular apenas uma das partes e não se fixar o prazo dentro do qual o vínculo é eficaz, pode o tribunal, a requerimento do promitente, fixar à outra parte um prazo para o exercício do direito, findo o qual este caducará.

Artigo 412.º
(Transmissão dos direitos e obrigações dos promitentes)

1. Os direitos e obrigações resultantes do contrato-promessa, que não sejam exclusivamente pessoais, transmitem-se aos sucessores dos promitentes.

2. A transmissão por acto entre vivos está sujeita às regras gerais.

Artigo 413.º
(Eficácia real da promessa)

À promessa de alienação ou oneração de bens imóveis, ou de móveis sujeitos a registo, quando conste de escritura pública, podem as partes atribuir eficácia real; mas, neste caso, a promessa só produz efeitos em relação a terceiros depois de registada.

Capítulo II
Fontes das obrigações

Secção I
Contratos

(...)

Subsecção VIII
Antecipação do cumprimento. Sinal

Artigo 440.º
(Antecipação do cumprimento)

Se, ao celebrar-se o contrato ou em momento posterior, um dos contraentes entregar ao outro coisa que coincida, no todo ou em parte, com a prestação a que fica adstrito, é a entrega havida como antecipação total ou parcial do cumprimento, salvo se as partes quiserem atribuir à coisa entregue o carácter de sinal.

Artigo 441.º
(Contrato-promessa de compra e venda)

No contrato-promessa de compra e venda presume-se que tem carácter de sinal toda a quantia entregue pelo promitente-comprador ao promitente-vendedor, ainda que a título de antecipação ou princípio de pagamento do preço.

Artigo 442.º
(Sinal)

1. Quando haja sinal, a coisa entregue deve ser imputada na prestação devida, ou restituída quando a imputação não for possível.

2. Se quem constitui o sinal deixar de cumprir a obrigação por causa que lhe seja imputável, tem o outro contraente o direito de fazer sua a coisa entregue; se o não cumprimento do contrato for devido a este último, tem aquele o direito de exigir o dobro do que houver prestado.

3. Salvo estipulação em contrário, a existência de sinal impede os contraentes de exigirem qualquer outra indemnização pelo não cumprimento, além da fixada no número anterior.

LIVRO II
Direito das obrigações

TÍTULO II
Dos contratos em especial

CAPÍTULO I
Compra e venda

SECÇÃO I
Disposições gerais

ARTIGO 874.º
(Noção)

Compra e venda é o contrato pelo qual se transmite a propriedade de uma coisa, ou outro direito, mediante um preço.

ARTIGO 875.º
(Forma)

O contrato de compra e venda de bens imóveis só é válido se for celebrado por escritura pública.

ARTIGO 876.º
(Venda de coisa ou direito litigioso)

1. Não podem ser compradores de coisa ou direito litigioso, quer directamente, quer por interposta pessoa, aqueles, a quem a lei não permite

que seja feita a cessão de créditos ou direitos litigiosos, conforme se dispõe no capítulo respectivo.

2. A venda feita com quebra do disposto no número anterior, além de nula, sujeita o comprador, nos termos gerais, à obrigação de reparar os danos causados.

3. A nulidade não pode ser invocada pelo comprador.

ARTIGO 877.º
(Venda a filhos ou netos)

1. Os pais e avós não podem vender a filhos ou netos, se os outros filhos ou netos não consentirem na venda; o consentimento dos descendentes, quando não possa ser prestado ou seja recusado, é susceptível de suprimento judicial.

2. A venda feita com quebra do que preceitua o número anterior é anulável; a anulação pode ser pedida pelos filhos ou netos que não deram o seu consentimento, dentro do prazo de um ano a contar do conhecimento da celebração do contrato, ou do termo da incapacidade, se forem incapazes.

3. A proibição não abrange a dação em cumprimento feita pelo ascendente.

ARTIGO 878.º
(Despesas do contrato)

Na falta de convenção em contrário, as despesas do contrato e outras acessórias ficam a cargo do comprador.

SECÇÃO II
Efeitos da compra e venda

ARTIGO 879.º
(Efeitos essenciais)

A compra e venda tem como efeitos essenciais:
a. A transmissão da propriedade da coisa ou da titularidade do direito;
b. A obrigação de entregar a coisa;
c. A obrigação de pagar o preço.

Artigo 880.º
(Bens futuros, frutos pendentes
e partes componentes ou integrantes)

1. Na venda de bens futuros, de frutos pendentes ou de partes componentes ou integrantes de uma coisa, o vendedor fica obrigado a exercer as diligências necessárias para que o comprador adquira os bens vendidos, segundo o que for estipulado ou resultar das circunstâncias do contrato.

2. Se as partes atribuírem ao contrato carácter aleatório, é devido o preço, ainda que a transmissão dos bens não chegue a verificar-se.

Artigo 881.º
(Bens de existência ou titularidade incerta)

Quando se vendam bens de existência ou titularidade incerta e no contrato se faça menção dessa incerteza, é devido o preço, ainda que os bens não existam ou não pertençam ao vendedor, excepto se as partes recusarem ao contrato natureza aleatória.

Artigo 882.º
(Entrega da coisa)

1. A coisa deve ser entregue no estado em que se encontrava ao tempo da venda.

2. A obrigação de entrega abrange, salvo estipulação em contrário, as partes integrantes, os frutos pendentes e os documentos relativos à coisa ou direito.

3. Se os documentos contiverem outras matérias de interesse do vendedor, é este obrigado a entregar pública-forma da parte respeitante à coisa ou direito que foi objecto da venda, ou fotocópia de igual valor.

Artigo 883.º
(Determinação do preço)

1. Se o preço não estiver fixado por entidade pública, e as partes o não determinarem nem convencionarem o modo de ele ser determinado, vale como preço contratual o que o locador normalmente praticar à data

da conclusão do contrato ou, na falta dele, o do mercado ou bolsa no momento do contrato e no lugar em que o comprador deva cumprir; na insuficiência destas regras, o preço é determinado pelo tribunal, segundo juízos de equidade.

2. Quando as partes se tenham reportado ao justo preço, é aplicável o disposto no número anterior.

ARTIGO 884.º
(Redução do preço)

1. Se a venda ficar limitada a parte do seu objecto, nos termos do artigo 292.º ou por força de outros preceitos legais, o preço respeitante à parte válida do contrato é o que neste figurar, se houver sido discriminado como parcela do preço global.

2. Na falta de discriminação, a redução é feita por meio de avaliação.

ARTIGO 885.º
(Tempo e lugar do pagamento do preço)

1. O preço deve ser pago no momento e no lugar da entrega da coisa vendida.

2. Mas, se por estipulação das partes ou por força dos usos o preço não tiver de ser pago no momento da entrega, o pagamento será efectuado no lugar do domicílio que o credor tiver ao tempo do cumprimento.

ARTIGO 886.º
(Falta de pagamento do preço)

Transmitida a propriedade da coisa, ou o direito sobre ela, e feita a sua entrega, o vendedor não pode, salvo convenção em contrário, resolver o contrato por falta de pagamento do preço.

CAPÍTULO XII
Empreitada

SECÇÃO I
Disposições gerais
ARTIGO 1204.º
(Noção)

Empreitada é o contrato pelo qual uma das partes se obriga em relação à outra a realizar certa obra, mediante um preço.

ARTIGO 1205.º
(Execução da obra)

O empreiteiro deve executar a obra em conformidade com o que foi convencionado, e sem vícios que excluam ou reduzam o valor dela, ou a sua aptidão para o uso ordinário ou previsto no contrato.

ARTIGO 1206.º
(Fiscalização)

1. O dono da obra pode fiscalizar, à sua custa, a execução dela, desde que não perturbe o andamento ordinário da empreitada.

2. A fiscalização feita pelo dono da obra, ou por comissário, não impede aquele, findo o contrato, de fazer valer os seus direitos contra o empreiteiro, embora sejam aparentes os vícios da coisa ou notória a má execução do contrato, excepto se tiver havido da sua parte concordância expressa com a obra executada.

ARTIGO 1207.º
(Fornecimento dos materiais e utensílios)

1. Os materiais e utensílios necessários à execução da obra devem ser fornecidos pelo empreiteiro, salvo convenção ou uso em contrário.

2. No silêncio do contrato, os materiais devem corresponder às características da obra e não podem ser de qualidade inferior à média.

Artigo 1208.º

(Determinação e pagamento do preço)

1. É aplicável à determinação do preço, com as necessárias adaptações, o disposto no artigo 883.º.

2. O preço deve ser pago, não havendo cláusula ou uso em contrário, no acto de aceitação da obra.

Artigo 1209.º

(Propriedade da obra)

1. No caso de empreitada de construção de coisa móvel com materiais fornecidos, no todo ou na sua maior parte, pelo empreiteiro, a aceitação da coisa importa a transferência da propriedade para o dono da obra; se os materiais foram fornecidos por este, continuam a ser propriedade dele, assim como é propriedade sua a coisa logo que seja concluída.

2. No caso de empreitada de construção de imóveis, sendo o solo ou a superfície pertença do dono da obra, a coisa é propriedade deste, ainda que seja o empreiteiro quem fornece os materiais; estes consideram-se adquiridos pelo dono da obra à medida que vão sendo incorporados no solo.

Artigo 1210.º

(Subempreitada)

1. Subempreitada é o contrato pelo qual um terceiro se obriga para com o empreiteiro a realizar a obra a que este se encontra vinculado, ou uma parte dela.

2. É aplicável à subempreitada, assim como ao concurso de auxiliares na execução da empreitada, o disposto no artigo 264.º, com as necessárias adaptações.

24 | *Investimento Imobiliário e Turístico em Cabo Verde*

SECÇÃO II

Alterações e obras novas

ARTIGO 1211.º

(Alterações da iniciativa do empreiteiro)

1. O empreiteiro não pode, sem autorização do dono da obra, fazer alterações ao plano convencionado.

2. A obra alterada sem autorização é havida como defeituosa; mas, se o dono quiser aceitá-la tal como foi executada, não fica obrigado a qualquer suplemento de preço nem a indemnização por enriquecimento sem causa.

3. Se tiver sido fixado para a obra um preço global e a autorização não tiver sido dada por escrito com fixação do aumento de preço, o empreiteiro só pode exigir do dono da obra uma indemnização correspondente ao enriquecimento deste.

ARTIGO 1212.º

(Alterações necessárias)

1. Se, para execução da obra, for necessário, em consequência de direitos de terceiro ou de regras técnicas, introduzir alterações ao plano convencionado, e as partes não vierem a acordo, compete ao tribunal determinar essas alterações e fixar as correspondentes modificações quanto ao preço e prazo de execução.

2. Se, em consequência das alterações, o preço for elevado em mais de vinte por cento, o empreiteiro pode denunciar o contrato e exigir uma indemnização equitativa.

ARTIGO 1213.º

(Alterações exigidas pelo dono da obra)

1. O dono da obra pode exigir que sejam feitas alterações ao plano convencionado, desde que o seu valor não exceda a quinta parte do preço estipulado e não haja modificação da natureza da obra.

2. O empreiteiro tem direito a um aumento do preço estipulado, correspondente ao acréscimo de despesa e trabalho, e a um prolongamento do prazo para a execução da obra.

3. Se das alterações introduzidas resultar uma diminuição de custo ou de trabalho, o empreiteiro tem direito ao preço estipulado, com dedução do que, em consequência das alterações, poupar em despesas ou adquirir por outras aplicações da sua actividade.

ARTIGO 1214.º
(Alterações posteriores à entrega e obras novas)

1. Não é aplicável o disposto nos artigos precedentes às alterações feitas depois da entrega da obra, nem às obras que tenham autonomia em relação às previstas no contrato.

2. O dono da obra tem o direito de recusar as alterações e as obras referidas no número anterior, se as não tiver autorizado; pode, além disso, exigir a sua eliminação, se esta for possível, e, em qualquer caso, uma indemnização pelo prejuízo, nos termos gerais.

SECÇÃO III
Defeitos da obra

ARTIGO 1215.º
(Verificação da obra)

1. O dono da obra deve verificar, antes de a aceitar, se ela se encontra nas condições convencionadas e sem vícios.

2. A verificação deve ser feita dentro do prazo usual ou, na falta de uso, dentro do período que se julgue razoável depois de o empreiteiro colocar o dono da obra em condições de a poder fazer.

3. Qualquer das partes tem o direito de exigir que a verificação seja feita, à sua custa, por peritos.

4. Os resultados da verificação devem ser comunicados ao empreiteiro.

5. A falta da verificação ou da comunicação importa aceitação da obra.

Artigo 1216.º
(Casos de irresponsabilidade do empreiteiro)

1. O empreiteiro não responde pelos defeitos da obra, se o dono a aceitou sem reserva, com conhecimento deles.

2. Presumem-se conhecidos os defeitos aparentes, tenha ou não havido verificação da obra.

Artigo 1217.º
(Denúncia dos defeitos)

1. O dono da obra deve, sob pena de caducidade dos direitos conferidos nos artigos seguintes, denunciar ao empreiteiro os defeitos da obra dentro dos trinta dias seguintes ao seu descobrimento.

2. Equivale à denúncia o reconhecimento, por parte do empreiteiro, da existência do defeito.

Artigo 1218.º
(Eliminação dos defeitos)

1. Se os defeitos puderem ser suprimidos, o dono da obra tem o direito de exigir do empreiteiro a sua eliminação; se não puderem ser eliminados, o dono pode exigir nova construção.

2. Cessam os direitos conferidos no número anterior, se as despesas forem desproporcionadas em relação ao proveito.

Artigo 1219.º
(Redução do preço e resolução do contrato)

1. Não sendo eliminados os defeitos ou construída de novo a obra, o dono pode exigir a redução do preço ou a resolução do contrato, se os defeitos tornarem a obra inadequada ao fim a que se destina.

2. A redução do preço é feita nos termos do artigo 884.º.

Artigo 1220.º
(Indemnização)

O exercício dos direitos conferidos nos artigos antecedentes não exclui o direito a ser indemnizado nos termos gerais.

Artigo 1221.º
(Caducidade)

1. Os direitos de eliminação dos defeitos, redução do preço, resolução do contrato e indemnização caducam, se não forem exercidos dentro de um ano a contar da recusa da aceitação da obra ou da aceitação com reserva, sem prejuízo da caducidade prevista no artigo 1217.º.

2. Se os defeitos eram desconhecidos do dono da obra e este a aceitou, o prazo de caducidade conta-se a partir da denúncia; em nenhum caso, porém, aqueles direitos podem ser exercidos depois de decorrerem dois anos sobre a entrega da obra.

Artigo 1222.º
(Imóveis destinados a longa duração)

1. Sem prejuízo do disposto nos artigos 1219.º e seguintes, se a empreitada tiver por objecto a construção, modificação ou reparação de edifícios ou outros imóveis destinados por sua natureza a longa duração e, no decurso de cinco anos a contar da entrega, ou no decurso do prazo de garantia convencionado, a obra, por vício do solo ou da construção, modificação ou reparação, ruir total ou parcialmente, ou apresentar defeitos graves ou perigo de ruína, o empreiteiro é responsável pelo prejuízo para com o dono da obra.

2. A denúncia, neste caso, deve ser feita dentro do prazo de um ano e a indemnização deve ser pedida no ano seguinte à denúncia.

Artigo 1223.º
(Responsabilidade dos subempreiteiros)

O direito de regresso do empreiteiro contra os subempreiteiros quanto aos direitos conferidos nos artigos anteriores caduca, se não lhes for comunicada a denúncia dentro dos trinta dias seguintes à sua recepção.

Secção IV
Impossibilidade de cumprimento e risco pela perda ou deterioração da obra

Artigo 1224.º
(Impossibilidade de execução do obra)

Se a execução da obra se tornar impossível por causa não imputável a qualquer das partes, é aplicável o disposto no artigo 790.º; tendo, porém, havido começo de execução, o dono da obra é obrigado a indemnizar o empreiteiro do trabalho executado e das despesas realizadas.

Artigo 1225.º
(Risco)

1. Se, por causa não imputável a qualquer das partes, a coisa perecer ou se deteriorar, o risco corre por conta do proprietário.
2. Se, porém, o dono da obra estiver em mora quanto à verificação ou aceitação da coisa, o risco corre por conta dele.

Secção V
Extinção do contrato

Artigo 1226.º
(Desistência do dono da obra)

O dono da obra pode desistir da empreitada a todo o tempo, ainda que tenha sido iniciada a sua execução, contanto que indemnize o empreiteiro dos seus gastos e trabalho e do proveito que poderia tirar da obra.

Artigo 1227.º
(Morte ou incapacidade das partes)

1. O contrato de empreitada não se extingue por morte do dono da obra, nem por morte ou incapacidade do empreiteiro, a não ser que, neste último caso, tenham sido tomadas em conta, no acto da celebração, as qualidades pessoais deste.

2. Extinto o contrato por morte ou incapacidade do empreiteiro, considera-se a execução da obra como impossível por causa não imputável a qual quer das partes.

TÍTULO II
Do Direito de Propriedade

CAPÍTULO I
Propriedade em geral

SECÇÃO I
Disposições gerais

ARTIGO 1299.º
(Objecto do direito de propriedade)

Só as coisas corpóreas, móveis ou imóveis, podem ser objecto do direito de propriedade regulado neste código.

(…)

CAPÍTULO III
Propriedade de imóveis

SECÇÃO I
Disposições gerais

ARTIGO 1341.º
(Limites materiais)

1. A propriedade dos imóveis abrange o espaço aéreo correspondente à superfície, bem como o subsolo, com tudo o que neles se contém e não esteja desintegrado do domínio por lei ou negócio jurídico.

2. O proprietário não pode, todavia, proibir os actos de terceiro que, pela altura ou profundidade a que têm lugar, não haja interesse em impedir.

(…)

Capítulo VI
Propriedade horizontal

Secção I
Disposições gerais

Artigo 1394.º
(Princípio geral)

As fracções de que um edifício se compõe, em condições de constituírem unidades independentes, podem pertencer a proprietários diversos em regime de propriedade horizontal.

Artigo 1395.º
(Objecto)

Só podem ser objecto da propriedade horizontal as fracções autónomas que, além de constituírem unidades independentes, sejam distintas e isoladas entre si, com saída própria para uma parte comum do prédio ou para a via pública.

Artigo 1396.º
(Falta de requisitos legais)

1. A falta de requisitos legalmente exigidos importa a nulidade do título constitutivo da propriedade horizontal e a sujeição do prédio ao regime da compropriedade, pela atribuição a cada consorte da quota que lhe tiver sido fixada nos termos do artigo 1398.º ou, na falta de fixação, da quota correspondente ao valor relativo da sua fracção.

2. Têm legitimidade para arguir a nulidade do título os condóminos, e também o Ministério Público sobre participação da entidade pública a quem caiba a aprovação ou fiscalização das construções.

Secção II
Constituição

Artigo 1397.º
(Princípio geral)

1. A propriedade horizontal pode ser constituída por negócio jurídico, usucapião ou decisão judicial, proferida em acção de divisão de coisa comum ou em processo de inventário.

2. A constituição da propriedade horizontal por decisão judicial pode ter lugar a requerimento de qualquer consorte, desde que no caso se verifiquem os requisitos exigidos pelo artigo 1395.º.

Artigo 1398.º
(Individualização das fracções)

No título constitutivo serão especificadas as partes do edifício correspondentes às várias fracções, por forma que estas fiquem devidamente individualizadas, e será fixado o valor relativo de cada fracção, expresso em percentagem ou permilagem do valor total do prédio.

Artigo 1399.º
(Modificação do título)

1. O título constitutivo da propriedade horizontal pode ser modificado por escritura pública, havendo acordo de todos os condóminos.

2. A inobservância do disposto no artigo 1395.º importa a nulidade do acordo; esta nulidade pode ser declarada a requerimento das pessoas e entidades designadas no n.º 2 do artigo 1396.º.

Secção III
Direitos e encargos dos condóminos

Artigo 1400.º
(Direitos dos condóminos)

1. Cada condómino é proprietário exclusivo da fracção que lhe pertence e comproprietário das partes comuns do edifício.

2. O conjunto dos dois direitos é incindível; nenhum deles pode ser alienado separadamente, nem é lícito renunciar à parte comum como meio de o condómino se desonerar das despesas necessárias à sua conservação ou fruição.

ARTIGO 1401.º
(Partes comuns do prédio)

1. São comuns as seguintes partes do edifício:

a) O solo, bem como os alicerces, colunas, pilares, paredes-mestras e todas as partes restantes que constituem a estrutura do prédio;

b) O telhado ou os terraços de cobertura, ainda que destinados ao uso do último pavimento;

c) As entradas, vestíbulos, escadas e corredores de uso ou passagem comum a dois ou mais condóminos;

d) As instalações gerais de água, electricidade, aquecimento, ar condicionado e semelhantes.

2. Presumem-se ainda comuns:

a) Os pátios e jardins anexos ao edifício;

b) Os ascensores;

c) As dependências destinadas ao uso e habitação do porteiro;

d) As garagens;

e) Em geral, as coisas que não sejam afectadas ao uso exclusivo de um dos condóminos.

ARTIGO 1402.º
(Limitações ao exercício dos direitos)

1. Os condóminos, nas relações entre si, estão sujeitos, de um modo geral, quanto às fracções que exclusivamente lhes pertencem e quanto às partes comuns, às limitações impostas aos proprietários e aos comproprietários de coisas imóveis.

2. É especialmente vedado aos condóminos:

a) Prejudicar, quer com obras novas, quer por falta de reparação, a segurança, a linha arquitectónica ou o arranjo estético do edifício;

b) Destinar a sua fracção a usos ofensivos dos bons costumes;

c) Dar-lhe uso diverso do fim a que é destinada;
d) Praticar quaisquer actos ou actividades que tenham sido proibidos no título constitutivo ou, posteriormente, por acordo de todos os condóminos.

ARTIGO 1403.º
(Direitos de preferência e de divisão)

Os condóminos não gozam do direito de preferência na alienação de fracções nem do direito de pedir a divisão das partes comuns.

ARTIGO 1404.º
(Encargos de conservação e fruição)

1. Salvo disposição em contrário, as despesas necessárias à conservação e fruição das partes comuns do edifício e ao pagamento de serviços de interesse comum são pagas pelos condóminos em proporção do valor das suas fracções.

2. Porém, as despesas relativas aos diversos lanços de escadas ou às partes comuns do prédio que sirvam exclusivamente algum dos condóminos ficam a cargo dos que delas se servem.

3. Nas despesas dos ascensores só participam os condóminos cujas fracções por eles possam ser servidas.

ARTIGO 1405.º
(Inovações)

1. As obras que constituam inovações dependem da aprovação da maioria dos condóminos, devendo essa maioria representar dois terços do valor do prédio.

2. Nas partes comuns do edifício não são permitidas inovações capazes de prejudicar a utilização, por parte de algum dos condóminos, tanto das coisas próprias como das comuns.

ARTIGO 1406.º
(Encargos com as inovações)

1. As despesas com as inovações ficam a cargo dos condóminos nos termos fixados pelo artigo 1404.º.

34 | *Investimento Imobiliário e Turístico em Cabo Verde*

2. Os condóminos que não tenham aprovado a inovação só podem, no entanto, ser compelidos a concorrer para as respectivas despesas se a sua recusa for judicialmente havida como infundada.

3. Considera-se sempre fundada a recusa, quando as obras tenham natureza voluptuária ou não sejam proporcionadas à importância do edifício.

4. O condómino cuja recusa seja havida como fundada pode a todo o tempo participar nas vantagens da inovação, mediante o pagamento da quota correspondente às despesas de execução e manutenção da obra.

Artigo 1407.º
(Reparações indispensáveis e urgentes)

As reparações indispensáveis e urgentes nas partes comuns do edifício podem ser levadas a efeito, na falta ou impedimento do administrador, por iniciativa de qualquer condómino.

Artigo 1408.º
(Destruição do edifício)

1. No caso de destruição do edifício ou de uma parte que represente, pelo menos, três quartos do seu valor, qualquer dos condóminos tem o direito de exigir a venda do terreno e dos materiais, pela forma que a assembleia vier a designar.

2. Se a destruição atingir uma parte menor, pode a assembleia deliberar, pela maioria do número dos condóminos e do capital investido no edifício, a reconstrução deste.

3. Os condóminos que não queiram participar nas despesas da reconstrução podem ser obrigados a alienar os seus direitos a outros condóminos, segundo o valor entre eles acordado ou fixado judicialmente.

4. É permitido ao alienante escolher o condómino ou condóminos a quem a transmissão deve ser feita.

Artigo 1409.º
(Seguro obrigatório)

1. É obrigatório o seguro do edifício contra o risco de incêndio.

2. Qualquer dos condóminos pode efectuar o seguro quando o administrador o não tenha feito, ficando com o direito de reaver de cada um dos outros a parte que lhe couber no prémio.

Propriedade e Contratualização Civil | 35

SECÇÃO IV
Administração das partes comuns do edifício

ARTIGO 1410.º
(Órgãos administrativos)

1. A administração das partes comuns do edifício compete à assembleia dos condóminos e a um administrador.
2. Cada condómino tem na assembleia tantos votos quantas as unidades inteiras que couberem na percentagem ou permilagem a que o artigo 1398.º se refere.

ARTIGO 1411.º
(Assembleia dos condóminos)

1. A assembleia reúne-se na primeira quinzena de Janeiro, mediante convocação do administrador, para discussão e aprovação das contas respeitantes ao último ano e aprovação do orçamento das despesas a efectuar durante o ano.
2. A assembleia também reunirá quando for convocada pelo administrador, ou por condóminos que representem, pelo menos, vinte e cinco por cento do capital investido.
3. Os condóminos podem fazer-se representar por procurador.

ARTIGO 1412.º
(Convocação e funcionamento da assembleia)

1. A assembleia é convocada por meio de carta registada com aviso de recepção, enviada com dez dias de antecedência, na qual se indicará o dia, hora e local da reunião.
2. As deliberações são tomadas, salvo disposição especial, por maioria dos votos representativos do capital investido.
3. Se não comparecer o número de condóminos suficiente para se obter vencimento, é convocada nova reunião dentro dos dez dias imediatos, podendo neste caso a assembleia deliberar por maioria de votos dos proprietários presentes, desde que estes representem, pelo menos, um terço do capital.

36 | *Investimento Imobiliário e Turístico em Cabo Verde*

Artigo 1413.º
(Impugnação das deliberações)

1. As deliberações da assembleia contrárias à lei ou a regulamentos anteriormente aprovados são anuláveis a requerimento de qualquer condómino que as não tenha aprovado.

2. O direito de propor a acção caduca, quanto aos condóminos presentes, no prazo de vinte dias a contar da deliberação e, quanto aos proprietários ausentes, no mesmo prazo a contar da comunicação da deliberação.

3. Pode também ser requerida a suspensão das deliberações nos termos da lei de processo.

4. A representação judiciária dos condóminos contra quem são propostas as acções compete ao administrador ou à pessoa que a assembleia designar para esse efeito.

Artigo 1414.º
(Compromisso arbitral)

1. A assembleia pode estabelecer a obrigatoriedade da celebração de compromissos arbitrais para a resolução de litígios entre condóminos, ou entre condóminos e o administrador, e fixar penas pecuniárias para a inobservância das disposições deste código, das deliberações da assembleia ou das decisões do administrador.

2. O montante das penas aplicáveis em cada ano nunca excederá a quarta parte do rendimento colectável anual da fracção do infractor.

Artigo 1415.º
(Administrador)

1. O administrador é eleito e exonerado pela assembleia.

2. Se a assembleia não eleger administrador, será este nomeado pelo tribunal a requerimento de qualquer dos condóminos.

3. O administrador pode ser exonerado pelo tribunal, a requerimento de qualquer condómino, quando se mostre que praticou irregularidades ou agiu com negligência no exercício das suas funções.

4. O cargo de administrador é remunerável, e tanto pode ser desempenhado por um dos condóminos como por terceiro; o período de funções é de dois anos, renováveis.

ARTIGO 1416.º
(Funções do administrador)

1. São funções do administrador, além de outras que lhe sejam atribuídas pela assembleia:

a) Convocar a assembleia dos condóminos;
b) Elaborar o orçamento das receitas e despesas relativas a cada ano;
c) Efectuar e manter o seguro do edifício contra o risco de incêndio;
d) Cobrar as receitas e efectuar as despesas comuns;
e) Exigir dos condóminos a sua quota-parte nas despesas aprovadas;
f) Realizar os actos conservatórios dos direitos relativos aos bens comuns;
g) Regular o uso das coisas comuns e a prestação dos serviços de interesse comum;
h) Executar as deliberações da assembleia;
i) Representar o conjunto dos condóminos perante as autoridades administrativas.

ARTIGO 1417.º
(Legitimidade do administrador)

1. O administrador tem legitimidade para agir em juízo, quer contra qualquer dos condóminos, quer contra terceiro, na execução das funções que lhe pertencem ou quando autorizado pela assembleia.

2. O administrador pode também ser demandado nas acções respeitantes às partes comuns do edifício.

3. Exceptuam-se as acções relativas a questões de propriedade ou posse dos bens comuns, salvo se a assembleia atribuir para o efeito poderes especiais ao administrador.

ARTIGO 1418.º
(Recurso dos actos do administrador)

Dos actos do administrador cabe recurso para a assembleia, a qual pode neste caso ser convocada pelo condómino recorrente.

38 | *Investimento Imobiliário e Turístico em Cabo Verde*

Artigo 1418.º-A
(Propriedade Horizontal de Conjuntos de Edifícios)

O regime previsto neste capítulo pode ser aplicado, com as necessárias adaptações, a conjuntos de edifícios contíguos funcionalmente ligados entre si pela existência de partes comuns afectadas ao uso de todas ou algumas unidades ou fracções que os compõem.

(Redacção do Decreto-Lei n.º 7/2009 de 09-02)

TURISMO

LEI N.º 55/VI/2005
de 10 de Janeiro

Regime do estatuto de utilidade turística

Por mandato do Povo, a Assembleia Nacional decreta, nos termos da alínea b) do artigo 174.º da Constituição, o seguinte:

ARTIGO 1.º
(Objecto)

A presente Lei estabelece o Regime do Estatuto de Utilidade Turística e define critérios e requisitos para a sua atribuição, suspensão e revogação.

ARTIGO 2.º
(Definição e modalidades)

1. A Utilidade Turística prevista no artigo 13.º da Lei n.º 21/VI/91, de 30 de Dezembro, consiste na atribuição de um estatuto aos estabelecimentos ou empreendimentos turísticos que satisfaçam os requisitos definidos no presente diploma e suas disposições regulamentares.

2. O estatuto referido no número anterior será atribuído nas modalidades seguintes:

a) Utilidade Turística de Instalação;
b) Utilidade Turística de Funcionamento;
c) Utilidade Turística de Remodelação.

3. O Estatuto de Utilidade Turística de Instalação é atribuído aos estabelecimentos ou empreendimentos turísticos novos, mediante a apresentação de um projecto de investimento.

4. O Estatuto de Utilidade Turística de Funcionamento é atribuído aos estabelecimentos ou empreendimentos turísticos instalados, desde

42 | *Investimento Imobiliário e Turístico em Cabo Verde*

que as correspondentes obras tenham sido executadas de acordo com o projecto de arquitectura ou de constituição, respectivamente, mediante prévia aprovação pela Administração Turística Central ou preencham os requisitos legais.

5. O Estatuto de Utilidade Turística de Remodelação é atribuído aos estabelecimentos ou empreendimentos turísticos que apresentem um projecto de obras de beneficiação ou de expansão, orçado em pelo menos 25% do valor do investimento inicial, com vista a melhorar significativamente o seu nível de funcionalidade, aprovado pela Administração Turística Central, e que:

a) Tendo beneficiado do estatuto referido no número anterior, tenham, pelo menos, 5 anos de exploração;

b) Não tendo beneficiado do estatuto referido no número anterior, tenham, pelo menos, 2 anos de exploração.

ARTIGO 3.º
(Pressupostos de atribuição)

1. O Estatuto de Utilidade Turística será atribuído a estabelecimentos ou empreendimentos turísticos legalmente constituídos: que tenham por objecto social o exercício da actividade turística em exclusivo.

2. Para efeitos da presente Lei, define-se como actividade turística toda a iniciativa de carácter contínuo que promova circuitos turísticos, nomeadamente:

a) Alojamento e/ou restauração;

b) Organização de excursões internas;

c) Organização de eventos de animação cultural e desportiva que promovam a entrada e a mobilidade de turistas;

d) Promoção do país, no mercado externo, como destino turístico;

e) Abastecimento do mercado turístico com artesanato nacional.

ARTIGO 4.º
(Forma e competência para atribuição, suspensão e revogação)

1. O Estatuto de Utilidade Turística é atribuído, suspenso e revogado por despacho conjunto dos membros do Governo responsáveis pelas áreas do Turismo e das Finanças, sob proposta da Administração Pública Central

e com base no parecer fundamentado de uma Comissão de Avaliação da Utilidade Turística a ser criada por despacho conjunto dos membros do Governo responsáveis pelas áreas do Turismo e das Finanças.

2. A referida Comissão de Avaliação da Utilidade Turística será integrada por responsáveis da Administração Turística Central, da Direcção-Geral das Alfândegas e da Direcção-Geral das Contribuições e Impostos.

3. O regulamento da Comissão de Avaliação será aprovado por despacho conjunto dos membros do Governo responsáveis pelas áreas do Turismo e das Finanças.

Artigo 5.º
(Critérios de apreciação dos pedidos de atribuição)

Os pedidos de atribuição do Estatuto de Utilidade Turística serão apreciados tendo em conta os seguintes critérios:

a) Compatibilização dos empreendimentos com a política nacional para o sector do Turismo;

b) Tipo e nível das instalações ou serviços do empreendimento;

c) A viabilização de circuitos turísticos nacionais e internacionais;

d) A criação de espaços de diversão e de lazer;

e) A promoção da cultura e da gastronomia cabo-verdianas, quando couber;

f) A preservação do ambiente e costumes locais;

g) Contribuição para o emprego;

h) Contribuição para a Balança de Pagamentos.

Artigo 6.º
(Instrução do processo de atribuição)

1. O processo de atribuição do Estatuto de Utilidade Turística será instruído mediante requerimento dirigido à administração turística central, acompanhado dos seguintes documentos:

a) Projecto de investimento acompanhado do projecto de arquitectura e outros documentos correlacionados, quando couber;

b) Fotocópia de documento(s) de identificação do(s) proponente(s), devidamente autenticado(s), quando couber.

44 | *Investimento Imobiliário e Turístico em Cabo Verde*

c) Certificado do Estatuto de Investidor Externo, quando couber;

d) Estatuto da sociedade relativo ao estabelecimento ou empreendimento turístico;

e) Curriculum Vitae dos investidor(es), quando couber.

2. O Estatuto de Utilidade Turística é atribuído mediante pagamento duma taxa a ser estipulada por portaria do membro do Governo responsável pela área do Turismo.

ARTIGO 7.º
(Incentivos gerais)

1. O estabelecimento ou empreendimento turístico ao qual for atribuído o Estatuto de Utilidade Turística de Instalação beneficia, até ao fim do período de construção e ao longo do primeiro ano de funcionamento, dos seguintes incentivos:

a) Isenção do Imposto Único sobre o Património nas aquisições de imóveis destinados a construção e instalação de empreendimentos;

b) Isenção de impostos aduaneiros na importação de materiais e equipamentos incorporáveis nas suas instalações e que contribuam para a sua valorização final, designadamente materiais de construção civil, equipamentos sanitários, equipamentos eléctricos e electrónicos bem como seus acessórios e peças separadas, quando os acompanham;

c) Isenção de impostos aduaneiros na importação de mobiliários, veículos de transporte colectivo e misto, destinados ao transporte exclusivo de turistas e bagagens, barcos de recreio, pranchas e acessórios, instrumentos e equipamentos destinados à animação desportiva e cultural.

2. O estabelecimento ou empreendimento turístico ao qual for atribuído o Estatuto de Utilidade Turística de Funcionamento beneficia de incentivos fiscais relativamente ao Imposto Único sobre Rendimento durante 15 anos, a saber:

a) 100% de isenção durante os primeiros 5 anos de funcionamento;

b) 50%de isenção durante o segundo e o terceiro quinquénios de funcionamento.

3. O estabelecimento ou empreendimento turístico ao qual for atribuído o Estatuto de Utilidade Turística de Remodelação beneficia, durante o período de remodelação, dos incentivos referidos no número 1 deste artigo.

4. O estabelecimento ou empreendimento turístico ao qual for atribuído o Estatuto de Utilidade Turística de Instalação ou de Remodelação beneficia das isenções previstas nas alíneas b) e c) do número 1 do presente artigo até ao montante correspondente a 15% do total de investimentos constantes dos cadernos de encargos e do projecto de apetrechamento aprovado pela Administração Turística Central.

5. Os estabelecimentos ou empreendimentos turísticos nas situações previstas no número anterior beneficiam ainda de dedução da matéria colectável das despesas feitas com a formação profissional do pessoal de nacionalidade cabo-verdiana e 40% das despesas nas acções de promoção, devidamente aprovadas.

6. Os projectos de construção civil, acompanhados do caderno de encargos e da lista quantificada de todos os materiais a serem consumidos ou utilizados nas obras, devem ser devidamente aprovados pelos serviços técnicos da Câmara Municipal do concelho onde o projecto se localizar e entregues, conjuntamente com o projecto de apetrechamento, na Direcção-Geral das Alfândegas para instrução do pedido de isenção aduaneira.

7. O período referido na alínea b) do n.º 2 deste artigo será prolongado por mais dois anos sempre que os estabelecimentos ou empreendimentos declarados de Utilidade Turística se situarem fora das áreas urbanas dos concelhos da Praia e de S. Vicente e do concelho do Sal.

ARTIGO 8.º
(Garantias de trabalhadores estrangeiros)

Os trabalhadores estrangeiros recrutados para exercerem funções no estabelecimento ou empreendimento titular do Estatuto de Utilidade Turística gozam dos direitos e garantias seguintes:

a) Livre transferência para o exterior dos rendimentos auferidos no exercício das suas funções;

b) Benefícios e facilidades aduaneiras idênticas aos atribuídos aos trabalhadores recrutados no âmbito do Estatuto Industrial.

ARTIGO 9.º
(Obrigações)

1. O estabelecimento ou empreendimento turístico que tenha beneficiado do Estatuto de Utilidade Turística fica obrigado, enquanto estiver em funcionamento, a fornecer informações trimestrais relacionadas com o exercício, de acordo com o formulário a distribuir pela Administração Turística Central, sem prejuízo da obrigação de prestar quaisquer outras informações que lhe forem solicitadas pela Direcção-Geral das Alfândegas e pela Direcção-Geral de Contribuições e Impostos ou por outras entidades competentes.

2. O estabelecimento ou empreendimento turístico que tenha beneficiado do Estatuto de Utilidade Turística é ainda obrigado a:

a) Ter uma contabilidade própria a funcionar de acordo com o Plano Nacional de Contabilidade e sob a responsabilidade de um Técnico de Contas nacional;

b) Comunicar à Administração Turística Central qualquer alteração estatutária da empresa;

c) Fornecer às equipas de fiscalização todas as informações técnicas, comerciais e financeiras relacionadas com as suas actividades;

d) Não alterar a estrutura do estabelecimento sem a autorização e parecer da Administração Turística Central,

e) Não enveredar para fins estranhos à exploração turística, salvo nos casos e condições expressamente autorizadas pelos membros do Governo responsáveis pelas áreas do Turismo e das Finanças, mediante estudo fundamentado e parecer favorável da Comissão de Avaliação de Utilidade Turística.

ARTIGO 10.º
(Afectação das mercadorias importadas com isenções fiscais)

1. Aos materiais e equipamentos importados ao abrigo do Estatuto de Utilidade Turística não poderá ser dado destino diferente daquele para que tiverem sido declarados enquanto o empreendimento turístico beneficiar do respectivo estatuto.

2. Em casos devidamente justificados poderá ser autorizada a alienação dos referidos materiais e equipamentos precedida do parecer favorável da Comissão de Avaliação da Utilidade Turística e autorização da

Direcção-Geral das Alfândegas, mediante o pagamento dos direitos e demais imposições calculados com base no valor aduaneiro reconhecido ou aceite na data da alienação.

3. A violação do estabelecido nos números anteriores constitui descaminho de direitos previsto e punido nos termos do contencioso aduaneiro, sem prejuízo de outras sanções aplicáveis nos termos do presente diploma.

ARTIGO 11.º
(Cessação dos incentivos)

1. Os incentivos fiscais resultantes da atribuição do Estatuto de Utilidade Turística de Instalação cessam no prazo de um ano posterior à data prevista para a conclusão das obras, conforme o respectivo despacho de atribuição.

2. Os incentivos fiscais resultantes da atribuição do Estatuto de Utilidade Turística de Funcionamento cessam a partir do 15.º ano a contar a partir da data da publicação do respectivo despacho de atribuição.

3. Os incentivos fiscais resultantes da atribuição do Estatuto de Utilidade Turística de Remodelação cessam na data estabelecida pelo respectivo despacho de atribuição.

ARTIGO 12.º
(Suspensão do estatuto)

1. O Estatuto de Utilidade Turística poderá ser suspenso, sem prejuízo do respectivo prazo previsto no artigo anterior, nos casos seguintes:

a) Violação do disposto no nas alíneas a) e c) do n.º 2 do artigo 9.º;
b) Incumprimento das obrigações fiscais;
c) Precarização das condições de trabalho e prática discriminatória em relação aos utentes.

2. A suspensão prevista no artigo anterior será revogada quando for liquidada a coima aplicada e restabelecida a conformidade com a disposição legal violada, após vistoria, à solicitação do infractor.

48 | *Investimento Imobiliário e Turístico em Cabo Verde*

ARTIGO 13.º
(Revogação do estatuto)

O Estatuto de Utilidade Turística será revogado quando o estabelecimento ou empreendimento beneficiário se encontrar em qualquer das seguintes situações:

a) Incumprimento de qualquer das obrigações estabelecidas no n.º 1 e nas alíneas b) e d) e e) do n.º 2 do artigo 9.º,

b) Prestação de informações falsas à Administração Turística Central;

c) Verificação de incumprimento de qualquer dos pressupostos subjacentes ao despacho de atribuição do respectivo estatuto;

d) Violação do disposto no número 1 do artigo 10.º.

ARTIGO 14.º
(Publicidade dos despachos de atribuição e de revogação)

Os despachos de atribuição e de revogação do Estatuto de Utilidade Turística são obrigatoriamente publicados no Boletim Oficial e produzem efeitos a partir da data da respectiva publicação.

ARTIGO 15.º
(Sanções)

1. Sem prejuízo para a suspensão ou revogação do Estatuto de Utilidade Turística, as infracções ao disposto na presente Lei constituem contra-ordenações puníveis com coimas de duzentos e cinquenta mil escudos a dois milhões de escudos.

2. No caso de reincidência, os montantes mínimos e máximos fixados no número anterior são elevados ao dobro, sem prejuízo de serem declarados e perdidos a favor do Estado os bens, valores, direitos ou benefícios obtidos ou adquiridos através de contra-ordenação.

3. Os administradores, gerentes ou directores do estabelecimento ou empreendimento beneficiário do Estatuto de Utilidade Turística são solidariamente responsáveis pelo pagamento das coimas sempre que tenham ordenado ou participado na execução da infracção.

4. Compete à Administração Turística Central, mediante parecer da Comissão de Avaliação da Utilidade Turística, a aplicação das sanções

previstas no presente diploma que não decorram das infracções fiscais tributárias ou de carácter aduaneiro.

ARTIGO 16.º
(Destino das coimas)

O produto das coimas e taxas previstas neste diploma e aplicadas pela Administração Turística Central constitui receita do Fundo de Desenvolvimento Turístico, em cuja conta deve ser directamente depositado pelas empresas envolvidas.

ARTIGO 17.º
(Disposições transitórias)

1. Os estabelecimentos ou empreendimentos turísticos que à data da entrada em vigor da presente Lei tiverem sido declarados de Utilidade Turística a título prévio, consideram-se sob o Estatuto de Utilidade Turística de Instalação.

2. Os estabelecimentos ou empreendimentos que à data da entrada em vigor da presente Lei tiverem sido declarados de Utilidade Turística a título definitivo, consideram-se sob o Estatuto de Utilidade Turística de Funcionamento.

ARTIGO 18.º
(Revogação)

É revogada a Lei n.º 42/IV/92, de 6 de Abril.

ARTIGO 19.º
(Entrada em vigor)

A presente Lei entra em vigor no dia imediato ao da sua publicação.

DECRETO-LEGISLATIVO N.º 2/93
de 1de Fevereiro

Zonas turísticas especiais

Ao abrigo da autorização legislativa concedida pela Lei n.º 54/IV/92, de 28 de Setembro,

No uso da faculdade conferida pela alínea *b*), do n.º 2 do artigo 216.º da Constituição, o Governo decreta o seguinte:

CAPÍTULO I
Zonas Turísticas Especiais

SECÇÃO I
Disposições Gerais

ARTIGO 1.º
Zonas turísticas especiais

Com vista à valorização e protecção dos recursos naturais que constituirão a base do desenvolvimento turístico do País, as áreas identificadas como possuidores de especial aptidão para o turismo, serão declaradas como zonas turísticas especiais.

ARTIGO 2.º
Tipos de Zonas turísticas especiais

As zonas turísticas especiais classificam-se em:

a) Zona de Desenvolvimento Turístico Integral, abreviadamente designada por ZDTI;

b) Zona de Reserva e Protecção Turística, abreviadamente designada por ZRPT.

ARTIGO 3.º
Gestão e Administração

A gestão e administração das zonas turísticas especiais compete ao Estado.

SECÇÃO II
Zonas de Desenvolvimento Turístico Integral

ARTIGO 4.º
Definição

Constituem Zonas de Desenvolvimento Turístico Integral as áreas que, por possuírem excelentes condições geográficas e valores paisagísticos, têm especial aptidão para o turismo e sejam declarados como tais pelo Governo.

ARTIGO 5.º
Declaração

As ZDTI serão declaradas por decreto regulamentar, competindo ao ministério responsável pelo turismo a organização dos processos de declaração e a sua apresentação ao Governo depois de ouvidas as respectivas Câmaras Municipais.

ARTIGO 6.º
Efeitos

A declaração de uma área como Zona de Desenvolvimento Turístico Integral determina:

a) A sujeição à declaração de utilidade pública da expropriação de todos os terrenos situados na dita zona, mesmo quando forem de titularidade municipal, bem como dos edifícios aí existentes;

b) A proibição absoluta de qualquer actividade extractiva na totalidade dos terrenos, costas e praias da mesma, nomeadamente a extracção de areia, cascalho e outros inertes;

c) A proibição de qualquer intervenção urbanística sem prévia autorização do Instituto Nacional do Turismo.

ARTIGO 7.º
Uso e ocupação do solo

1. O uso e ocupação do solo das ZDTI far-se-ão de acordo com os respectivos planos de ordenamento turístico.

2. Sem prejuízo do disposto no número anterior, poderão ser realizadas as obras infra-estruturais e as construções necessárias para a promoção e desenvolvimento turístico do País.

3. Poderão ainda realizar-se nas ZDTI as obras públicas das infra-estruturas de transportes e comunicações ou outras exigidas pelo interesse geral ou necessárias para a promoção e desenvolvimento turístico do País, mediante autorização expressa do Instituto Nacional de Turismo.

4. Nas ZDTI não poderão ser erigidas construções de altura total superior a três pisos, medida em cada ponto do terreno, salvo autorização do Governo.

5. O uso e ocupação do solo permitidos dentro das ZDTI terão sempre como limite a obrigatoriedade de preservar a qualidade da paisagem em que as referidas infra-estruturas e construções se vão situar, as quais deverão adaptar-se e integrar-se perfeitamente naquela paisagem.

ARTIGO 8.º
Gestão e Administração

1. A gestão e a administração das ZDTI pertencem exclusivamente ao Estado, sem prejuízo da competência municipal no que diz respeito à prestação de serviços urbanos.

2. As competências referidas na alínea anterior serão concretizadas e exercidas através do Instituto Nacional de Turismo que deverá compartilhá-las com outros organismos centrais do Estado com responsabilidade específica sobre o património natural.

3. Nas ZDTI, competem ao Instituto Nacional de Turismo a aquisição, gestão, administração e alienação do solo, a elaboração e execução dos Planos de Ordenamento Turístico, a aprovação e execução dos Projectos de Ordenamento Detalhado, aprovação dos projectos de obras e edificação e o acompanhamento e fiscalização dos mesmos, bem como outras matérias constantes dos respectivos Estatutos.

4. O Instituto Nacional de Turismo procurará a máxima colaboração das entidades municipais, às quais deverão ser informados e ouvidos sobre as actuações relativas aos terrenos situados nos concelhos respectivos.

Secção III
Zonas de Reserva e Protecção Turística

Artigo 9.º
Definição

1. Constituem Zonas de Reserva e Protecção Turística:

a) As áreas contíguas às ZDTI dotadas de alto valor natural e paisagístico e cuja preservação seja necessária para assegurar a competitividade do produto turístico de Cabo Verde, a curto e médio prazo;

b) As outras áreas que, possuindo também alto valor natural e paisagístico, deverão manter-se em reserva para serem posteriormente declaradas ZDTI;

2. A declaração de áreas como Zonas de Reserva e Protecção Turística compete ao Governo.

Artigo 10.º
Declaração

As ZRPT serão declaradas por decreto regulamentar, competindo ao ministério responsável pelo turismo a organização dos processos de declaração e a sua apresentação ao Governo, depois de ouvidas as respectivas Câmaras Municipais.

Artigo 11.º
Efeitos

A declaração de uma área como Zona de Reserva e Protecção Turística determina como efeito automático a proibição absoluta de qualquer actividade extractiva na totalidade dos terrenos, costas e praias da mesma, nomeadamente a extracção de areia, cascalho e outros inertes.

Artigo 12.º
Uso e ocupação do solo

1. O uso e ocupação do solo das ZRPT far-se-ão de acordo com os respectivos planos de ordenamento turístico.

2. Ficam contudo, expressamente proibidos nas ZRPT todo o uso e ocupação, distintos dos seus actuais uso e ocupação agro-pecuários, que alterem ou possam alterar fisicamente a paisagem das mesmas, ou que causem dano, directa ou indirectamente ou que impliquem ameaça para os valores naturais e ambientais das ditas zonas ou prejuízo dos mesmos.

3. Não poderão ser realizados em qualquer lugar das ZRPT movimentos de terras, extracções de areia, cascalho e outros inertes, instalações de qualquer tipo, nem edificações ou alteração das mesmas de qualquer natureza, salvo autorização expressa do Governo.

4. Nas ZRPT poderão realizar-se as obras públicas das infra-estruturas de transportes e comunicações requeridas pelo interesse geral ou necessárias para a promoção e desenvolvimento turísticos do País que tenham sido objecto de autorização expressa do Instituto Nacional de Turismo.

5. Com carácter excepcional, poderão ser realizadas nos lugares das ZRPT actualmente povoados, e somente junto aos edifícios já existentes, as obras de construção, beneficiação ou demolição para uso exclusivo agro-pecuário e de habitação rural que sejam necessários para a manutenção da dita comunidade rural, desde que tais obras não aumentem a altura da edificação já existente e não ponham em causa a harmonia estética e ambiental e que as coberturas e muros exteriores sejam feitos e acabados com materiais tradicionais.

Artigo 13.º
Gestão e Administração

1. A gestão e administração das ZRPT pertencem exclusivamente ao Estado.

2. As competências referidas no número anterior serão concretizadas e exercidas através do Instituto Nacional de Turismo que poderá compartilhá-las com outros organismos centrais do Estado com responsabilidade específica sobre o património natural.

3. Nas ZRPT, compete ao Instituto Nacional de Turismo a vigilância da integridade natural e paisagística destas zonas, sem prejuízo das actuações de outros organismos da Administração Central e Local com responsabilidade específica sobre o património natural.

Capítulo II
Planeamento das ZDTI

Artigo 14.º
Plano de ordenamento turístico

1. Cada ZDTI disporá de um Plano de Ordenamento Turístico elaborado pelo Instituto Nacional de Turismo.

2. O Plano de Ordenamento Turístico de cada ZDTI deve formular as seguintes determinações:

  a) Esquema viário;
  b) Definição de áreas paisagística, de protecção e de implantação turística;
  c) Definição das áreas de arborização e das espécies de árvores a plantar;
  d) Esquemas de redes de serviços e de espaços livres;
  e) Equipamentos sociais e de lazer previsíveis;
  f) Programa geral da Zona e critérios gerais de desenvolvimento;
  g) Normas gerais para a execução e desenvolvimento da Zona.

3. As terminações referidas no número anterior constarão obrigatoriamente de uma memória de fins e objectivos, de planos à escala ½.000, de esquemas e de outros documentos que sejam necessários.

4. Os Planos de Ordenamento Turístico são aprovados pelo membro do Governo que tutela o sector do turismo.

Artigo 15.º
Projectos de ordenamento detalhado

1. As áreas de implantação de usos turísticos nas ZDTI, bem como os terrenos das mesmas ocupados por equipamentos sociais e de lazer, poderão pormenorizar-se em Projectos de Ordenamento Detalhado, por meio dos quais, à escala 1/500, se poderá efectuar o ordenamento dos volumes edificáveis, reajustar e completar os sistemas viários, zonas de arborização e espaços livres, e completar as redes de serviços.

2. Os Projectos de Ordenamento Detalhado numa ZDTI serão elaborados pelo promotor e aprovados pelo Instituto Nacional de Turismo,

que, no acto de aprovação, assinalará os prazos previstos para a execução das obras, das edificações e das plantações de árvores.

3. Os projectos referidos no número anterior poderão ser elaborados pelo Instituto Nacional de Turismo quando assim for acordado.

ARTIGO 16.º
Projectos de obras e edificação

1. As infra-estruturas viárias e redes de serviços da ZDTI deverão ser executadas de harmonia com os respectivos projectos de obras.

2. Os edifícios hoteleiros, de alojamento, de equipamentos comerciais, sociais ou de lazer, deverão ser executados de harmonia com os respectivos projectos arquitectónicos de edificação.

3. Os projectos referidos nos números anteriores são aprovados pelo Instituto Nacional de Turismo.

DECRETO-LEI N.º 7/2009
de 9 de Fevereiro

**Regime especial para a disposição, transmissão, oneração
e registo imediato de prédio urbano ou fracção autónoma
integrado em projecto de empreendimentos turísticos**

Artigo 1.º
(Objecto)

1. O presente diploma estabelece um regime especial para a disposição, transmissão, oneração e registo imediato de prédio urbano ou fracção autónoma integrado em projecto de empreendimentos turísticos, como tal classificado e aprovado por entidades competentes.

Artigo 2.º
(Âmbito)

O regime previsto no presente diploma aplica-se aos seguintes negócios jurídicos:

a) Submissão dos prédios urbanos classificados como empreendimentos turísticos ao regime de propriedade horizontal;

b) Compra e venda, com ou sem mútuo, com ou sem hipoteca, com ou sem fiança, de fracções autónomas integradas nos empreendimentos turísticos;

c) Hipoteca dos prédios a implementar os empreendimentos turísticos;

d) Cancelamentos de hipotecas;

e) Sub-rogação nos direitos e garantias do credor hipotecário, nos termos do artigo 591.º do Código Civil; e

f) Outros negócios jurídicos, a definir por portaria do membro do Governo responsável pela área da justiça.

ARTIGO 3.º
(Noção de empreendimentos turísticos)

1. Para os efeitos do presente diploma, consideram-se empreendimentos turísticos, os estabelecimentos que se destinam a prestar serviços de alojamento, mediante remuneração, dispondo, para o seu funcionamento, de um adequado conjunto de estruturas, equipamentos e serviços complementares.

2. Não se consideram empreendimentos turísticos para efeitos do presente diploma:

a) As instalações ou os estabelecimentos que, embora destinados a proporcionar alojamento, sejam explorados sem intuito lucrativo ou para fins exclusivamente de solidariedade social e cuja frequência seja restrita a grupos limitados;

b) As instalações ou os estabelecimentos que, embora destinados a proporcionar alojamento temporário com fins lucrativos, revistam a natureza de moradias, apartamentos e estabelecimentos de hospedagem que, dispondo de autorização de utilização, prestem serviços de alojamento temporário, mediante remuneração, mas não reúnam os requisitos para serem considerados empreendimentos turísticos.

ARTIGO 4.º
(Tipologia de empreendimentos turísticos)

Para os efeitos do presente diploma, consoante a classificação atribuída pela entidade competente na aprovação do respectivo projecto, os empreendimentos turísticos podem ser integrados num dos seguintes tipos:

a) Estabelecimentos hoteleiros;
b) Aldeamentos turísticos;
c) Apartamentos turísticos;
d) Conjuntos turísticos (resorts);
e) Empreendimentos de turismo de habitação;
f) Empreendimentos de turismo no espaço rural.

ARTIGO 5.º
(Pressupostos)

1. São pressupostos de aplicação do regime previsto no presente diploma:

a) Projectos de empreendimento turístico aprovado pela Cabo Verde Investimentos e outras entidades competentes;

b) A descrição do prédio no registo;

c) A inexistência de dúvidas sobre a identidade do prédio;

d) O registo definitivo a favor do alienante ou onerante;

e) A inexistência de dúvidas quanto à titularidade do prédio; e

f) A opção por contrato de modelo aprovado por despacho do Director-Geral dos Registos, Notariado e Identificação

2. Não existem dúvidas quanto à identidade do prédio quando se verifique harmonização dos elementos de identificação deste, entre a matriz e o registo, nos termos gerais, sem prejuízo do disposto no número seguinte.

3. Não obsta à realização do negócio jurídico a existência de divergência entre o registo e a matriz quando tal divergência apenas respeite ao artigo matricial, à denominação das vias públicas ou à numeração policial, desde que possa ser suprida por acesso directo à informação constante das bases de dados das entidades ou serviços da Administração Pública ou por documento.

4. Exceptua-se do disposto na alínea d) do número 1 os actos de oneração outorgados por quem tenha adquirido, por instrumento lavrado no mesmo dia, os bens transmitidos.

5. No caso de fracções autónomas de prédios em regime de propriedade horizontal só podem ser objecto de transmissão ou oneração quando se exiba documento comprovativo da inscrição no registo predial do respectivo título constitutivo.

6. O promotor que optar por este regime especial deve iniciar e concluir todos os actos e negócios jurídicos concernentes aos prédios ou fracções autónomas integrados no projecto de empreendimento turístico, conforme termos e condições nele prescritos.

Artigo 6.º
(Forma)

Os negócios jurídicos referidos no artigo segundo são celebrados por escritura pública, segundo modelo a aprovar por despacho do Director--Geral dos Registos, Notariado e Identificação.

Artigo 7.º
(Registo obrigatório)

Os actos de disposição, transmissão e oneração efectuados no âmbito do presente diploma são de registo obrigatório, devendo o notário promover o respectivo registo na conservatória do registo predial competente, a expensas do interessado.

Artigo 8.º
(Obrigações fiscais)

Para efeitos de registo, no âmbito do presente diploma, é obrigatório a apresentação da prova de pagamento do imposto único sobre o património, pelas transmissões operadas.

Artigo 9.º
(Prioridade e urgência)

Gozam de regime de prioridade e de urgência os actos, contratos e os registos requeridos no âmbito do presente diploma.

Artigo 10.º
(Início do procedimento)

O procedimento inicia-se com o pedido formulado pelo interessado junto dos Cartórios Notariais competentes, que no acto deve manifestar a sua opção por um dos modelos de contrato aprovados e ainda juntar os documentos para o efeito exigidos.

ARTIGO 11.º
(Formalidades prévias)

1. O prosseguimento do procedimento depende da verificação da identidade da capacidade e dos poderes de representação dos interessados para os actos.

2. A verificação da identidade, da capacidade e dos poderes de representação obedece aos critérios previstos na lei.

3. Devem, ainda, ser apresentados pelos interessados os seguintes documentos:

a) Declaração do Número de Identificação Fiscal dos intervenientes;

b) Certidão do Registo Predial;

c) Comprovativo do pagamento do Imposto Único Sobre o Património.

4. A apresentação dos documentos previstos nas alíneas do número anterior, pode, sempre que possível, ser substituída por acesso a informação constante das respectivas bases de dados.

5. Os documentos que instruam o procedimento ficam arquivados nos termos da lei notarial, com as necessárias adaptações.

6. Quando as condições técnicas o permitirem, o arquivo referido no número anterior passa a ser feito em suporte electrónico, em termos a definir por despacho do Director-Geral dos Registos, Notariado e Identificação.

ARTIGO 12.º
(Tramitação do procedimento)

1. Efectuada a verificação dos pressupostos e formalidades prévias referidas nos artigos anteriores, o Cartório Notarial procede aos seguintes actos pela ordem indicada:

a) Cobrança das custas e de outros encargos que se mostrem devidos;

b) Elaboração dos documentos que titulam os negócios jurídicos, de acordo com o modelo aprovado, seguido da leitura e explicação do respectivo conteúdo;

c) Recolha das assinaturas nos documentos que titulam os negócios jurídicos.

64 | *Investimento Imobiliário e Turístico em Cabo Verde*

2. A leitura dos documentos que titulam os negócios jurídicos pode ser dispensada, a pedido dos interessados.

3. A realização dos actos previstos no número 1 é da competência do Notário, sem prejuízo da possibilidade de delegação em oficial ajudante.

ARTIGO 13.º
(Documentos a entregar aos interessados)

Concluído o procedimento, o Cartório Notarial entrega aos interessados que o solicitem, e a expensas dos mesmos, de imediato uma certidão dos contratos celebrados, bem como os documentos comprovativos dos pagamentos dos encargos devidos.

ARTIGO 14.º
(Diligências subsequentes)

1. Após a realização dos contratos, o Cartório Notarial promove imediata e preferencialmente, por qualquer meio disponível, o pedido de registo predial junto da Conservatória competente, a expensas do interessado.

2. As custas referentes ao registo predial, a cobrar pelo Notário nos termos do número anterior, devem ser remetidas de imediato à Conservatória competente.

ARTIGO 15.º
(Nota de registo e conta)

Efectuado o registo, os interessados procederão ao levantamento da Nota de Registo e da Conta na Conservatória competente.

ARTIGO 16.º
(Recusa do pedido)

O procedimento é recusado quando ocorra alguma das seguintes circunstâncias:

a) Não verificação de algum dos pressupostos ou formalidades prévias previstos nos artigos 5.º e 12.º do presente diploma;

b) Violação de disposições legais imperativas;

c) A falta de prova de liquidação do imposto único sobre o património e de pagamento dos encargos que se mostrem devidos.

Artigo 17.º
(Aditamento ao Código Civil)

É aditado o artigo 1418.º – A ao Código Civil, aprovado pelo Decreto-Lei n.º 47.344/1966, de 25 de Novembro, com as alterações introduzidas pelo Decreto-Legislativo n.º 12-C/97, de 30 de Junho, com a seguinte redacção:

"Artigo 1418.º-A

(Propriedade horizontal de conjuntos de edifícios)

0 regime previsto neste capítulo pode ser aplicado, com as necessárias adaptações, a conjuntos de edifícios contíguos funcionalmente ligados entre si pela existência de partes comuns afectadas ao uso de todas ou algumas unidades ou fracções que os compõem."

Artigo 18.º
(Alteração ao Decreto-Lei n.º 43/90, de 29 de Junho)

O artigo 31.º da Tabela de Custas Notariais e o artigo 18.º da Tabela de Custas do Registo Predial, aprovados pelo Decreto-Lei n.º 43/90, de 29 de Junho, passam a ter a seguinte redacção:

"Artigo 31.º

Para o reembolso das despesas são cobradas às partes a taxa de 5$00 (cinco escudos)"

"Artigo 18.º

Para o reembolso das despesas referidas no artigo 49.ºdoDecreto-Lei n.º 44.063, de 28 de Novembro de 1961, os Conservadores devem cobrar a taxa de 40$00 (quarenta escudos)".

Artigo 19.º
(Excepção às normas do Registo Predial)

1. Aos actos efectuados nos termos do presente Decreto-lei, não são aplicáveis as seguintes disposições legais do Código do Registo Predial em vigor:

a) Alínea *a) e e)* do Artigo 149.º;

66 | Investimento Imobiliário e Turístico em Cabo Verde

b) Número 2 do Artigo 149.º;

c) Número 2 e 3 do Artigo 174.º; *cl)* Alínea *a), b)* e g) do Artigo 181.º.

2. As conservatórias de registos onde se implementar o registo nos termos do presente diploma, dispõem de:

a) Um diário, em suporte informático, destinado à anotação cronológica dos pedidos de registo e respectivos documentos;

b) Fichas de registo, em suporte informático, destinadas a descrições, inscrições e averbamentos.

3. O sistema de fichas aplica-se integralmente as novas descrições.

ARTIGO 20.º
(Pedido de Registo e ordem de anotação)

1. O pedido de registo pode ser efectuado pessoalmente, por via electrónica, pelo correio e por telecópia.

2. Os documentos apresentados para registo são anotados no diário pela ordem dos pedidos.

3. Os documentos apresentados por via electrónica são anotados pela ordem da hora da respectiva recepção.

4. Os documentos de registo recebidos por via electrónica, após o horário de atendimento ao público do serviço, são anotados no dia seguinte, imediatamente antes da primeira apresentação pessoal ou por telecópia.

5. Os documentos apresentados por telecópia são anotados pela ordem de recepção dos pedidos nos seguintes termos:

a) Imediatamente após a última apresentação pessoal do dia, quando recebidos entre as 0 horas e a hora de encerramento ao público do serviço de registo; ou

b) Imediatamente antes da primeira apresentação pessoal do dia seguinte, quando recebidos entre a hora de encerramento ao público e as 24 horas.

ARTIGO 21.º
(Procedimentos de Registo)

1. É adoptado o seguinte procedimento nos registos:

a) A medida que forem sendo pedidos novos actos de registos, serão extractados nas fichas de descrições em vigor que lhes digam respeito;

b) A cada descrição extractada é atribuída o número de ordem privativo, anotando-se na ficha o número e as folhas que tinha no livro e neste a referência à ficha;

c) As fichas de registo são ordenadas pelos respectivos números de descrição;

d) Ficam arquivados, em suporte electrónico, pela ordem das apresentações os documentos que serviram de base à realização dos registos, bem como o comprovativo do pedido;

e) Os documentos arquivados em suporte electrónico referidos no número anterior, têm a força probatória dos originais;

f) No seguimento da descrição do prédio e seus averbamentos são lançadas as inscrições, seus averbamentos ou as correspondentes cotas de referência;

g) No caso de constituição de propriedade horizontal, além da descrição genérica do prédio, é feita uma descrição distinta para cada fracção autónoma;

h) O extracto da descrição deve conter o número de ordem privativo atribuído pelo sistema informático, seguido dos algarismos correspondentes à data da sua apresentação de que depende;

i) Na descrição genérica de prédio ou prédios em regime de propriedade horizontal é mencionada a série das letras correspondentes às fracções;

j) A confirmação do registo pelo conservador, com a indicação da qualidade e do nome do interveniente, equivale, para todos os efeitos, à assinatura do registo.

Artigo 22.º
Menções das descrições subordinadas

A descrição de cada fracção autónoma deve conter:

a) O número da descrição genérica do prédio, seguido da letra ou letras da fracção, segundo a ordem alfabética, e o andar em que se situa;

b) As referências das alíneas c) a g) do n.º 1 do artigo 149.º do Código do Registo Predial indispensáveis para identificar a fracção;

c) A menção do fim a que destina, se constar do título.

Artigo 23.º
(Finalidade da inscrição)

1. As inscrições só podem ser lavradas com referência a descrições genéricas ou subordinadas.

2. A inscrição de qualquer facto respeitante a várias descrições é lavrada na ficha de cada uma destas.

Artigo 24.º
(Requisitos gerais)

1. Do extracto da inscrição deve constar:

a) A letra G, C ou F, consoante se trate de inscrição de aquisição ou reconhecimento de propriedade, de hipoteca ou de inscrições diversas, seguida do número de ordem correspondente;

b) O número, a data e a hora de apresentação.

Artigo 25.º
(Período experimental)

O regime legal previsto no presente diploma é instituído, a título experimental, na ilha do Sal, durante o período fixado por portaria do membro do governo responsável pela área da justiça.

Artigo 26.º
(Suporte informático)

Quando as condições técnicas o permitirem, os contratos e respectivos registos, previstos neste diploma, devem ser celebrados em suporte informático, nos termos a definir por portaria do membro do governo responsável pela área da justiça.

Artigo 27.º
(Aplicação subsidiária)

1. São aplicáveis aos actos praticados no âmbito do presente decreto--lei, em tudo o que neste não esteja especialmente regulado e que não contrarie a natureza dos procedimentos especiais nele previstos, os requisitos legais a que estão sujeitos os negócios jurídicos sobre imóveis,

competindo ao Notário, Conservador ou oficial de registo que os pratique a respectiva verificação.

2. Aos procedimentos estabelecidos neste diploma, em tudo o que não for especialmente regulado, são também aplicáveis, subsidiariamente, as disposições do Código do Registo Predial e da lei notarial.

ARTIGO 28.º
Entrada em vigor

O presente Decreto-Lei entra em vigor no dia seguinte ao da sua aplicação.

(Visto e aprovado em Conselho de Ministros) *José Maria Neves – Marisa Morais – Cristina Fontes*

Promulgado em 3 de Fevereiro de 2009 Publique-se
O Presidente da República, PEDRO VERONA RODRIGUES PIRES
Referendado em 4 de Fevereiro de 2009 O Primeiro-Ministro, *José Maria Neves*

LICENCIAMENTO
DE ESTABELECIMENTOS HOTELEIROS

DECRETO-LEI N.º 14/94
de 14 de Março

Estatuto da Indústria Hoteleira

Com a concentração no Instituto Nacional do Turismo de toda a problemática do estudo e da coordenação e execução das medidas e acções compreendidas na política turística nacional, impõe-se adaptar o Estatuto da Indústria Hoteleira e Similar, aprovado pelo Decreto-Lei n.º 10/92, de 21 de Janeiro, à nova realidade jurídico-administrativa.

Assim, com o presente diploma procede-se à revisão do referido Estatuto, transferindo-se todos os poderes conferidos pelo mesmo à extinta Direcção-Geral do Turismo para o Instituto Nacional do Turismo e, com vista a actualizar as soluções nele adoptadas, tomando-se providências tendentes à melhoria da classificação dos estabelecimentos hoteleiros de interesse para o turismo e do seu funcionamento e ao estabelecimento de um regime sancionatório para as infracções das normas reguladoras da indústria hoteleira e similar mais eficaz.

Nestes termos, no uso da faculdade conferida pela alínea a) do n.º 2 do artigo 216.º da Constituição, o Governo decreta o seguinte:

CAPÍTULO I
Âmbito e liberdade de acesso à actividade hoteleira e similar

ARTIGO 1.º

O presente diploma destina-se a estabelecer as normas respeitantes ao aproveitamento dos recursos turísticos do País e ao exercício da

74 | *Investimento Imobiliário e Turístico em Cabo Verde*

indústria hoteleira e similar, em ordem a preservar e valorizar as características sócio-económicas locais e o meio ambiente e a garantir a qualidade da oferta turística nacional.

Artigo 2.º

1. É livre o acesso de todas as pessoas, nacionais e estrangeiras à indústria hoteleira e similar, não podendo as necessárias autorizações ser denegadas se não com fundamento na desconformidade com a lei e seus regulamentos.

2. Os estrangeiros, porém, só podem explorar estabelecimentos hoteleiros e similares previamente declarados de utilidade turística.

3. O disposto no número anterior aplica-se às sociedades comerciais proprietárias e/ou exploradoras de estabelecimentos hoteleiros e similares em que parte do capital social proveniente de investimento estrangeiro seja superior a 40%

Capítulo II
Das atribuições e competência

Artigo 3.º

1. No âmbito das atribuições do Instituto Nacional do Turismo compete-lhe, nos termos do presente diploma:

a) Coordenar e opinar sobre as operações de loteamento urbano desde que incluam qualquer empreendimento cuja aprovação esteja no âmbito das suas competências;

b) Aprovar, sem prejuízo da competência atribuída a outras entidades, nos termos definidos no presente Decreto-Lei, a localização, os ante-projectos e os projectos dos estabelecimentos hoteleiros e similares;

c) Classificar os estabelecimentos;

d) Aprovar as respectivas denominações;

e) Autorizar a abertura;

f) Fiscalizar as instalações, exploração e funcionamento de todos os estabelecimentos hoteleiros e similares;

h) Ordenar as providências necessárias para corrigir as deficiências verificadas;

i) Conhecer das reclamações apresentadas sobre o seu funcionamento e instalações;

j) Aplicar sanções por infracções ao disposto no presente diploma e suas disposições regulamentares.

2. Sempre que haja lugar à intervenção de outras entidades, compete ainda ao Instituto Nacional do Turismo, promover a apreciação conjunta dos assuntos pendentes dar o seu parecer ou informar-se do andamento dos processos.

ARTIGO 4.º

1. Compete ao Instituto Nacional do Turismo a organização de um registo de todos os estabelecimentos hoteleiros e similares, do qual constarão a denominação aprovada, a empresa proprietária e a exploradora e os demais elementos necessários à sua caracterização económico jurídica.

2. Desse registo constarão também as reclamações recebidas e as sanções aplicadas.

3. Para este efeito, os tribunais e outras entidades que proferirem decisões relativas a infracções previstas neste diploma e suas disposições regulamentares darão conhecimento ao Instituto Nacional do Turismo das sanções que tiverem aplicado.

CAPÍTULO III

Disposições gerais

ARTIGO 5.º

1. Serão declarados de interesse para o turismo os estabelecimentos hoteleiros e similares que satisfaçam os requisitos mínimos estabelecidos neste diploma e suas disposições regulamentares.

2. Poderão ainda ser declarados de interesse para o turismo os estabelecimentos que por dificuldades resultantes do meio onde se integram não possuam os requisitos mínimos para a classificação mas que cons-

76 | Investimento Imobiliário e Turístico em Cabo Verde

tituam, pelas características do serviço prestado, importante elemento de apoio às infra-estruturas turísticas de uma zona.

3. A declaração de interesse para o turismo será feita pelo Instituto Nacional de Turismo.

ARTIGO 6.º

1. Sem prejuízo da sanção que ao caso couber, a declaração de interesse para o turismo será revogada oficiosamente quando, pelo deficiente estado de conservação das instalações ou reiteradas deficiências de serviço, o estabelecimento deixar de satisfazer aos requisitos mínimos estabelecidos.

2. Quando a revogação prevista no número anterior tiver como causa o deficiente estado de conservação das instalações, só poderá ser executada se, depois de notificado o interessado das obras a efectuar e do prazo para a sua realização, este não der cumprimento ao determinado.

ARTIGO 7.º

1. A classificação atribuída aos estabelecimentos nos termos dos artigos 14.º e 22.º, poderá a qualquer tempo ser revista pelo Instituto Nacional do Turismo, oficiosamente ou a requerimento do interessado, verificada a alteração dos pressupostos que a determinaram.

2. A desclassificação oficiosa terá lugar, independentemente da aplicação de qualquer sanção, quando por deficiente estado de conservação ou reiteradas deficiências de serviço, o estabelecimento não corresponder ao grupo ou categoria em que estiver incluído.

ARTIGO 8.º

Serão observadas nessa regulamentação, com as necessárias adaptações, as disposições genéricas, contidas neste diploma e as que regularem as actividades turísticas ao ar livre, consoante as características e natureza do empreendimento.

ARTIGO 9.º

1. Os estabelecimentos hoteleiros e similares são considerados como lugares públicos.

2. O disposto no n.º 1 anterior entende-se sem prejuízo do direito de proibição de acesso e permanência no estabelecimento às pessoas que:

a) Evidenciem o propósito de não consumir bens ou serviços do estabelecimento;
b) Perturbem a ordem pública ou a convivência social no estabelecimento;
c) Não respeitem as normas mínimas de higiene;
d) Denotem fortes indícios de embriaguez ou de efeitos de estupefacientes.

3. Exceptuam-se do disposto no número 1, os estabelecimentos destinados apenas aos associados ou beneficiários das empresas proprietárias ou exploradoras.

Artigo 10.º

Nas denominações dos estabelecimentos hoteleiros ou similares deverá ser utilizado o crioulo ou o português, podendo ser autorizado o emprego de palavras noutras línguas estrangeiras quando os usos internacionais ou razões de ordem turística o justificarem.

Artigo 11.º

1. Os estabelecimentos abrangidos pelo presente diploma não poderão usar nomes iguais aos outros já existentes ou por tal forma semelhante que possam induzir em erro, salvo se estiverem integrados na mesma organização.

2. Para efeito do disposto no número anterior o Instituto Nacional do Turismo pode determinar a alteração do nome do estabelecimento que abrir em último lugar, sem prejuízo dos direitos resultantes da propriedade industrial.

3. O disposto neste artigo não se aplica às denominações já autorizadas.

Artigo 12.º

1. Poderão ser declarados de utilidade turística os estabelecimentos hoteleiros e similares, que pelo seu elevado nível de serviços e instalações dentro da respectiva categoria, ou pela sua localização contribuam

de forma relevante para a realização dos objectivos da política nacional de turismo.

2. A declaração de utilidade turística rege-se por lei específica.

Capítulo IV
Da classificação dos estabelecimentos de interesse para o turismo

Secção I
Dos estabelecimentos hoteleiros

Artigo 13.º

1. São estabelecimentos hoteleiros os destinados a proporcionar alojamento, mediante remuneração, com ou sem fornecimento de refeições e outros serviços acessórios.

2. Não se consideram estabelecimentos hoteleiros, para efeito do disposto no presente diploma, as instalações que, embora com o mesmo fim tais como albergues de juventude e semelhantes, sejam exploradas sem intuito lucrativo e cuja frequência seja restrita a grupos limitados.

3. O simples facto de numa casa particular residirem hóspedes com carácter estável não se considera, para efeitos deste diploma, exercício de indústria hoteleira, desde que o seu número não seja superior a três.

4. É vedado aos estabelecimentos hoteleiros alojar os seus clientes em casas particulares.

Artigo 14.º

1. Os estabelecimentos hoteleiros de interesse para o turismo classificar-se-ão, nos termos regulamentares, nos seguintes grupos e categorias:

Grupo 1. Hotéis de cinco, quatro, três e duas estrelas;
Grupo 2. Pensões de quatro, três, duas e uma estrelas;
Grupo 3. Pousadas de quatro e três estrelas;
Grupo 4. Hotéis-apartamentos de quatro, três e duas estrelas;
Grupo 5. Aldeamentos turísticos de luxo, 1.ª e 2.ª.

2. Os estabelecimentos que, de acordo com o disposto em regulamento, possam apenas oferecer alojamento e primeiro almoço classificar-se-ão de residenciais.

ARTIGO 15.º

Os estabelecimentos hoteleiros de interesse para o turismo, usarão obrigatoriamente na sua denominação, de acordo com a classificação que lhes tenha sido atribuída, a nomenclatura constante do n.º 1 do artigo anterior, e só eles a poderão usar.

ARTIGO 16.º

Considera-se hotel o estabelecimento que ocupa a totalidade de um edifício ou parte dele completamente independente, constituindo as suas instalações um todo homogéneo e dispondo de acesso directo aos andares para o uso exclusivo dos clientes.

ARTIGO 17.º

Considera-se pensão o estabelecimento hoteleiro que, pelas suas instalações, equipamento, aspecto geral, localização e capacidade, não obedeça às normas estabelecidas para a classificação como hotel e satisfaça aos requisitos previstos em regulamento ao presente diploma.

ARTIGO 18.º

Considera-se pousada o estabelecimento hoteleiro situado fora dos centros urbanos, oferecendo boas condições de conforto e comodidade e destinados a fornecer aos turistas alojamento e, se necessário, alimentação.

ARTIGO 19.º

1. Hotéis-apartamentos são os estabelecimentos constituídos por um conjunto de apartamentos mobilados e independentes, instalados em edifício próprio e explorados em regime hoteleiro.

2. Consiste a exploração em regime hoteleiro na locação dia-a-dia ou por período até um mês, acompanhada, pelo menos, da prestação de serviço de limpeza.

Artigo 20.º

Aldeamentos turísticos são estabelecimentos, constituídos por um complexo de instalações interdependentes, objecto de uma exploração integrada, que se destine a proporcionar aos turistas, mediante remuneração, qualquer forma de alojamento para-hoteleiro, acompanhado de serviços acessórios e com equipamento complementar e de apoio.

Secção II
Dos estabelecimentos similares

Artigo 21.º

1. Consideram-se estabelecimentos similares dos hoteleiros, qualquer que seja a sua denominação, os destinados a proporcionar ao público, mediante remuneração, alimentos ou bebidas para serem consumidos no próprio estabelecimento.

2. Os estabelecimentos não compreendidos no número anterior, em que seja exercida, ainda que acessoriamente, alguma das actividades a que se refere o mesmo número, ficam, na parte respectiva, sujeitas às disposições deste diploma para os estabelecimentos similares, com as necessárias adaptações.

3. Não são havidos como estabelecimentos similares dos hoteleiros:

a) As casas particulares que proporcionam alimentação a hóspedes de carácter estável, desde que o seu número não seja superior a três;

b) As cantinas de. organismos públicos, de associações ou de empresas, que fornecem alimentação ao respectivo pessoal;

c) Em geral, quaisquer estabelecimentos, de fim não lucrativo, cuja possibilidade de frequência seja restrita a um grupo delimitado, com exclusão do público em geral.

Artigo 22.º

1. Os estabelecimentos similares dos hoteleiros classificam-se nos seguintes grupos e categorias:

Grupo 1. Restaurantes: de luxo, de 1.ª, 2.ª e 3.ª;

Grupo 2. Estabelecimentos de bebidas de luxo, 1.ª, 2.ª e 3.ª;

Grupo 3. Salas de dança de luxo, 1.ª e 2.ª.

2. No grupo 1 incluem-se aqueles cuja actividade fundamental consiste no fornecimento de refeições principais, abrangendo também os estabelecimentos denominados "Snack-bares", "Self-services" e semelhantes.

3. No grupo 2 incluem-se os estabelecimentos cuja actividade fundamental consiste no fornecimento de bebidas ou pequenas refeições, nomeadamente os designados por cafés, cervejarias, casas de chá, bares e gelatarias.

4. No grupo 3 incluem-se os estabelecimentos cuja actividade fundamental consiste em proporcionar locais para dançar, com ou sem espectáculo de variedades e com serviços de bebidas ou pequenas refeições nomeadamente, os designados na prática internacional como discotecas, "boites", "night-clubs" e "dancings".

ARTIGO 23.º

Quando no mesmo estabelecimento forem exercidas actividades correspondentes a mais do que um grupo, classificação atribuída corresponderá à determinada pela actividade principal.

ARTIGO 24.º

Os estabelecimentos similares dos hoteleiros de interesse para o turismo usarão obrigatoriamente na sua denominação, de acordo com a classificação que lhes tenha sido atribuída, a nomenclatura constante do n.º 1 do artigo 22.º – e só eles a poderão usar.

ARTIGO 25.º

1. Para poder instalar-se qualquer estabelecimento hoteleiro ou similar deverá, em primeiro lugar, ser requerido ao Instituto Nacional do Turismo, que o empreendimento seja declarado de interesse para o turismo ou sem interesse para o turismo, no prazo e sob a cominação que forem fixados em regulamento.

2. Se o empreendimento for declarado sem interesse para o turismo o processo será devolvido ao requerente para que requeira à câmara municipal respectiva a sua aprovação.

Capítulo V
Da instalação dos estabelecimentos de interesse para o turismo

Artigo 26.º

1. Serão organizados pelo Instituto Nacional do Turismo os processos respeitantes à aprovação da localização e à aprovação do ante-projecto e do projecto dos estabelecimentos hoteleiros e similares, de interesse para o turismo, ainda que haja lugar à intervenção de outras entidades ou serviços.

2. Neste último caso, deverá o Instituto Nacional do Turismo promover as diligências necessárias para obter dessas entidades ou serviços os respectivos pareceres.

Artigo 27.º

1. Sempre que haja lugar à intervenção de outras entidades ou serviços, o Instituto Nacional do Turismo remeter-lhe-á, por ofício registado com aviso de recepção ou protocolo, os elementos apresentados para obtenção das respectivas autorizações, aprovações ou pareceres, nos termos do número seguinte:

2. Para o efeito o Instituto Nacional do Turismo poderá:

a) Solicitar à entidade que se pronuncie por escrito;

b) Convocar reuniões com representantes das entidades ou serviços interessados, a fim de, simultaneamente, se pronunciarem sobre o requerido.

Artigo 28.º

1. No caso da alínea *a)* do número 2 do artigo anterior, as entidades ou serviços consultados deverão pronunciar-se no prazo de 45 dias a partir da data do recebimento dos elementos.

2. Quando não o fizerem entender-se-á que nada têm a opor ao requerido.

Artigo 29.º

1. No caso da alínea b) do n.º 2 do artigo 27.º, as reuniões terão lugar no prazo máximo de 45 dias, a contar da data do recebimento dos elementos pelas entidades ou serviços consultados.

2. Nestas reuniões, os pareceres de cada entidade ou serviço serão comunicados pelo seu representante, continuando a aplicar-se a esses pareceres as correspondentes normas legais em tudo que não forem contrárias ao disposto neste diploma.

3. Das reuniões será lavrada uma acta, da qual constarão as entidades ou serviços convocados e os respectivos pareceres.

4. A acta será aprovada e assinada pelos intervenientes no fim das reuniões e enviada para conhecimento a todas as entidades ou serviços interessados.

Artigo 30.º

1. Com excepção do disposto nos artigos seguintes a intervenção de outras entidades ou serviços verificar-se-á apenas quanto a localização dos empreendimentos.

2. Aprovada a localização, caberá ao Instituto Nacional do Turismo e às câmaras municipais respectivas pronunciar-se sobre os respectivos ante-projectos ou projectos.

Artigo 31.º

O Instituto Nacional do Turismo deverá comunicar ao interessado o que for decidido quanto à localização, ante-projecto, ou projecto, devendo fazê-lo no prazo de dez dias contado da última decisão tomada.

Nenhuma entidade ou serviço poderá:

a) Passar licença ou conceder alvarás de sua competência para a construção, instalação ou funcionamento de estabelecimentos hoteleiros e similares sem que o interessado tenha obtido do Instituto Nacional do Turismo, a aprovação do respectivo projecto e a autorização de abertura.

b) Recusar a passagem das licenças da sua competência, desde que o interessado tenha obtido as respectivas autorizações, aprovações ou pareceres nos termos do presente Decreto-Lei.

84 | *Investimento Imobiliário e Turístico em Cabo Verde*

ARTIGO 33.º

O Instituto Nacional do Turismo fixará, aquando da aprovação dos projectos de novos empreendimentos, o prazo em que deve ser iniciada a respectiva construção, caducando a aprovação se o prazo não for respeitado.

ARTIGO 34.º

1. A execução de quaisquer obras, que não sejam de simples conservação, nos estabelecimentos hoteleiros e similares está sujeita, com as necessárias adaptações, ao disposto neste capítulo e respectivas disposições regulamentares.

2. No caso de as obras serem destinadas a obter a reclassificação do estabelecimento, o interessado deverá referi-lo expressamente aquando da apresentação do ante-projecto ou projecto.

ARTIGO 35.º

1. Nos prédios ou partes de prédios expressamente arrendados para o exercício da indústria hoteleira ou similar podem ser feitas, independentemente de autorização do locador, obras que interessem directamente à exploração da indústria, desde que tenham sido previamente aprovadas e não ponham em risco a segurança do edifício, ou quando sejam meras benfeitorias.

Salvo no caso de benfeitorias, o locatário notificará o locador, por carta registada com aviso de recepção, das obras que se propõe realizar, podendo este, nos quinze dias imediatos, exigir daquele que, por qualquer dos meios previstos na lei, lhe preste caução de montante não inferior ao valor das obras de reposição destinada a assegurar a obrigação de restituir o prédio no estado em que o recebeu.

3. Se não houver acordo quanto ao montante da caução, poderá esta ser prestada pelo mínimo, para o efeito de se iniciarem as obras, sem prejuízo de recurso a um tribunal arbitral, que decida segundo as regras de equidade, para um eventual reforço posterior da caução.

4. A execução de obras pelo locatário nos termos deste artigo, não pode dar lugar a aumento das rendas.

Licenciamento de Estabelecimentos Hoteleiros | 85

Capítulo VI

Da vistoria, fiscalização e funcionamento dos estabelecimentos de interesse para o turismo

Artigo 36.º

1. Os processos respeitantes à classificação, disciplina e funcionamento dos estabelecimentos abrangidos pelo presente diploma e suas disposições regulamentares, serão organizados pelo Instituto Nacional do Turismo, com excepção dos declarados sem interesse para o turismo, que serão organizados pela câmara municipal do respectivo concelho.

Artigo 37.º

1. Nenhum dos estabelecimentos abrangidos pelo presente diploma poderá iniciar a sua exploração sem prévia autorização, precedida de vistoria, das entidades a seguir indicadas, consoante o caso:

   a) Do Instituto Nacional do Turismo, quando se tratar de estabelecimento hoteleiro ou similar com interesse para o turismo;
   b) Das câmaras municipais, nos restantes casos.

2. A vistoria a realizar pelo Instituto Nacional do Turismo, prevista na alínea a) do número anterior, terá por fim verificar a conformidade do estabelecimento com o projecto aprovado e atribuir-lhe a respectiva classificação.

Artigo 38.º

1. Quando se tratar de vistoria para efeitos de classificação ou reclassificação, requerida pelo interessado, deverá a mesma ser realizada no prazo máximo de 20 dias contados da data do respectivo pedido.

2. O Instituto Nacional do Turismo poderá realizar a vistoria para além do prazo previsto no número anterior por razões devidamente justificadas, desde que do facto avise previamente o interessado marcando novo prazo para o efeito.

3. Se o não fizer poderá, o interessado, iniciar a exploração do estabelecimento com a categoria solicitada no requerimento.

86 | *Investimento Imobiliário e Turístico em Cabo Verde*

ARTIGO 39.º

1. Sem prejuízo do disposto no n.º 1 do artigo anterior quaisquer estabelecimentos que entrem em funcionamento antes da vistoria, serão imediatamente encerrados até à realização da mesma, por ordem do Presidente do Instituto Nacional do Turismo, sem prejuízo de outras sanções previstas no presente diploma e seus regulamentos.

2. As autoridades administrativas e policiais farão cumprir a determinação.

ARTIGO 40.º

1. A autorização de abertura dos estabelecimentos abrangidos pelo presente diploma constará de alvará a emitir pelo Instituto Nacional do Turismo ou pela Câmara Municipal do concelho onde estiver instalado o empreendimento, consoante se tratar de estabelecimento declarado de ou sem interesse para o turismo.

2. O alvará previsto no número anterior substitui todas as licenças e alvarás que eram exigidos para efeito de exploração destes estabelecimentos, até à entrada em vigor do presente diploma.

3. As taxas devidas pela emissão do alvará de abertura são fixadas pelo membro do Governo com tutela sobre o sector do turismo.

ARTIGO 41.º

1. O Instituto Nacional do Turismo, poderá a qualquer tempo, realizar as vistorias e inspecções que considerar convenientes aos estabelecimentos hoteleiros e similares.

2. Aos proprietários e/ou exploradores, cumpre prestar todo o apoio e fornecer as informações solicitadas pelos funcionários incumbidos da missão, sob pena de sanção.

ARTIGO 42.º

1. Os estabelecimentos abrangidos pelo presente diploma não devem apresentar deficiências susceptíveis de pôr em perigo a saúde dos consumidores ou o prestígio do turismo nacional.

2. As deficiências susceptíveis de pôr em perigo a saúde dos consumidores serão verificadas pelo Instituto Nacional do Turismo, para o que

solicitará o necessário apoio técnico dos serviços competentes do Ministério da Saúde.

ARTIGO 43.º

Os estabelecimentos abrangidos pelo presente diploma deverão estar dotados dos meios adequados para a prevenção de risco contra incêndios, de acordo com as normas a estabelecer em regulamento.

ARTIGO 44.º

Em todos os estabelecimentos abrangidos pelo presente diploma será obrigatória a afixação de placa normalizada com a classificação, de acordo com o estabelecido em regulamento.

ARTIGO 45.º

Nos estabelecimentos hoteleiros, deverão existir, para serem entregues aos clientes aquando da sua entrada, cartões de hóspede dos quais constarão, os elementos a definir em regulamento.

ARTIGO 46.º

Em todos os estabelecimentos abrangidos pelo presente diploma existirá um livro de reclamações que será obrigatoriamente facultado aos clientes que o solicitem nos termos e para os efeitos a definir em regulamento.

ARTIGO 47.º

Os hotéis de cinco e quatro estrelas e os aldeamentos turísticos de luxo deverão dispor de um director nos termos a definir em regulamento.

ARTIGO 48.º

1. A exploração de cada estabelecimento deverá ser globalmente realizada por uma única entidade, que é a primeira responsável pelo seu funcionamento, bem como pelo cumprimento das normas reguladoras da actividade.

2. A unidade de exploração do estabelecimento não é impeditiva de a sua propriedade pertencer a uma pluralidade de pessoas.

88 | *Investimento Imobiliário e Turístico em Cabo Verde*

3. O disposto no número 1 não impede que a empresa exploradora contrate com outras entidades a prestação de alguns serviços que integram o estabelecimento, desde que o seu nível seja compatível com a sua categoria.

4. Salvo no caso de aldeamentos turísticos nenhuma unidade de alojamento pode ser retirada da exploração hoteleira sob pena de:

a) Caducidade automática do alvará de abertura do estabelecimento e consequente encerramento;

b) Revogação automática da utilidade turística atribuída ao estabelecimento;

c) Perda de benefícios e incentivos que porventura lhe tivessem sido concedidas;

d) Vencimento imediato de todos os créditos concedidos para a construção do empreendimento.

5. Para além do disposto no número anterior ser-lhe-á, ainda, retirada a licença de utilização do edifício.

ARTIGO 49.º

1. Sempre que um estabelecimento seja propriedade de várias entidades ou pessoas, estas serão responsáveis, na proporção correspondente ao valor da sua fracção imobiliária ou unidade de alojamento, pela manutenção e conservação de todas as estruturas e instalações comuns necessárias ao seu funcionamento, nos termos estabelecidos em legislação especifica.

2. Tratando-se de empreendimentos que se desenvolvam em superfície, a obrigação prevista no número anterior, compreende a conservação e manutenção das suas instalações, equipamentos e serviços de utilização turística considerados comuns, nos termos fixados em legislação específica.

3. A obrigação a que se refere o número anterior é independente da desafectação da respectiva fracção imobiliária ou unidade de alojamento à exploração turística, sendo os encargos resultantes do seu cumprimento suportados por todos os proprietários, na percentagem correspondente a cada um.

Artigo 50.º

1. Nos estabelecimentos referidos no artigo anterior o regime de propriedade e as relações entre os proprietários e entre estes e a entidade exploradora serão definidos em legislação específica.

Artigo 51.º

Os estabelecimentos hoteleiros e similares fornecerão ao Instituto Nacional do Turismo, com periodicidade a definir em regulamento, os elementos sobre o índice de ocupação, o movimento de hóspedes e outros que forem determinados.

Capítulo VII
Das infracções e sua sanção

Artigo 52.º

1. Sem prejuízo da responsabilidade civil e penal emergente dos actos praticados, a infracção aos artigos 9.º n.º1, 10.º, 11.º n.º 1, 13.º n.º 4, 15.º, 24.º, 37.º n.º 1, 42.º n.º1, 43.º, 44.º, 45.º, 46.º, 47.º e 48.º são punidas com multa até 500 000$.

2. O limite da multa prevista no número anterior será aumentado para o dobro em caso de reincidência.

3. Considera-se que há reincidência sempre que no período de um ano contado da data do cometimento de uma infracção seja praticada no mesmo estabelecimento qualquer outra, às regras previstas neste diploma e seus regulamentos.

Artigo 53.º

1. As infracções referidas no artigo anterior poderão ainda, ser passíveis das seguintes sanções acessórias:

a) Apreensão do material através do qual se realiza a infracção;
b) Suspensão temporária do funcionamento do estabelecimento;
c) Encerramento definitivo do estabelecimento.

2. Quando a gravidade ou as circunstâncias da infracção o aconselharem, poderá ser decidido dar publicidade à sanção aplicada.

90 | *Investimento Imobiliário e Turístico em Cabo Verde*

ARTIGO 54.º

1. Quando em relação a um estabelecimento hoteleiro for aplicada algumas das sanções previstas nas alíneas *b)* e c) do artigo 53 o estabelecimento só encerrará depois de terminarem a sua estada todos os hóspedes que à data da notificação nele se encontrarem.

2. Ficará, porém, interdita a entrada de novos hóspedes, ainda que as respectivas reservas sejam anteriores à notificação da sanção.

3. A infracção ao disposto nos números anteriores, ou qualquer conduta destinada a evitar a sua aplicação constituem crime de desobediência e serão puníveis nos termos do Código Penal.

ARTIGO 55.º

1. A instrução de processos relativos às infracções previstas neste *diploma* e seu regulamento são da competência do Instituto Nacional do Turismo.

2. Para efeito do disposto no número anterior todas as entidades ou agentes que tomarem conhecimento de qualquer infracção deverão participá-la ao Instituto Nacional do Turismo.

3. Na instrução dos processos deverão sempre ser ouvidos os interessados bem como as testemunhas por eles indicados.

ARTIGO 56.º

1. A competência para a aplicação de multa cujo valor seja superior a 75 000$ bem como das sanções acessórias previstas na alínea e) do n.º 1 e do n.º 2 do artigo 532.º é do membro do Governo com tutela sobre o sector do turismo.

2. A competência para aplicação de multas até 75 000$ e das sanções acessórias previstas nas alíneas *a)* e b) do nó 1 do art. 53.º são da competência do Presidente do Instituto Nacional do Turismo.

3. Das sanções aplicadas pelo Presidente do Instituto Nacional do Turismo, cabe recurso hierárquico, a interpor no prazo de oito dias a contar da data da notificação, se o montante for superior a 50 000$ ou, se for aplicada a sanção acessória de suspensão temporária de funcionamento.

4. O recurso contencioso interposto nos termos da lei geral, da decisão que aplique quaisquer das sanções previstas neste diploma, não terá

efeito suspensivo, salvo em caso de multa cuja execução será suspensa na fase da penhora.

ARTIGO 57.º

1. A determinação da medida da multa far-se-á em função da gravidade da infracção, dos prejuízos causados ao turismo nacional e da culpa e capacidade económica do agente.

2. Sem prejuízo dos limites fixados no n.º 1 do artigo 52.º, a multa deverá, sempre que possível, exceder o benefício económico que o agente retirou da prática da infracção.

ARTIGO 58.º

1. Independentemente da aplicação de qualquer sanção, o Instituto Nacional do Turismo cobrará dos estabelecimentos as importâncias por eles indevidamente recebidas dos clientes para além dos preços legalmente, fixados, e providenciará no sentido da sua restituição.

2. Sendo, porém, desconhecido o paradeiro destes, de sorte que seja de presumir o seu desinteresse no reembolso, as quantias cobradas reverterão a favor do Fundo de Desenvolvimento Turístico.

ARTIGO 59.º

O produto das multas aplicadas nos termos do presente diploma constitui receita do Fundo de Desenvolvimento Turístico.

CAPÍTULO VIII
Disposições finais e transitórias

ARTIGO 60.º

1. Os preços a praticar nos estabelecimentos hoteleiros e similares de interesse para o turismo, pelos aposentos, refeições e demais serviços próprios da respectiva indústria, deverão constar de tabelas aprovadas, nos termos regulamentares, pelo Instituto Nacional do Turismo, sob proposta das empresas.

92 | *Investimento Imobiliário e Turístico em Cabo Verde*

2. O Membro do Governo com tutela sobre o sector do turismo poderá, no encanto, fixar os preços dos bens e serviços que houver por convenientes, devendo estes constar também das tabelas referidas no número anterior.

ARTIGO 61.º

O Governo legislará acerca das actividades turísticas e dos meios complementares de alojamento turístico, aplicando-se o presente diploma, com as necessárias adaptações, em tudo o que não for especialmente previsto.

ARTIGO 62.º

O processo de harmonização da situação das empresas hoteleiras e similares existentes com as decorrências e exigências do presente diploma será previsto em regulamento.

ARTIGO 63.º

O presente diploma entra em vigor conjuntamente com o seu regulamento.

Visto e aprovado em Conselho de Ministros. *Carlos Veiga – João Higino de Rosário – Úlpio Napoleão Fernandes.*

Promulgado em 25 de Janeiro 1994.
Publique-se

O Presidente da Republica, ANTÓNIO MANUEL MASCARENHAS GOMES MONTEIRO

Referendado em 25 de Janeiro de 1994.

Primeiro Ministro, *Carlos Veiga*

DECRETO REGULAMENTAR N.º 4/94
de 14 de Março

Regulamento do Estatuto da Indústria hoteleira e similar

CAPÍTULO I
Da instalação dos Estabelecimentos

SECÇÃO I
Competência

ARTIGO 1.º

1. Os processos respeitantes à instalação, classificação e funcionamento dos estabelecimentos hoteleiros e similares são organizados pelo Instituto Nacional do Turismo de harmonia com o disposto no Decreto-Lei n.º 14/94 e no presente regulamento.

2. Na apreciação dos empreendimentos mencionados no número anterior, o Instituto Nacional do Turismo tomará em consideração os planos de desenvolvimento turístico.

SECÇÃO II
Da declaração de interesse para o turismo

ARTIGO 2.º

1. Para poder-se instalar-se qualquer dos estabelecimentos previstos no artigo anterior deverá, em primeiro lugar, requerer-se que o mesmo seja declarado de interesse para o turismo.

2. Para este efeito deverá o requerimento ser acompanhado de um questionário de modelo normalizado a emitir pelo Instituto Nacional de

94 | *Investimento Imobiliário e Turístico em Cabo Verde*

Turismo, em duplicado, e de uma planta de localização do empreendimento, à escala 1:25 000.

3. O Instituto Nacional do Turismo pode ainda solicitar outros elementos que considere necessários para uma correcta apreciação do requerido.

ARTIGO 3.º

1. No prazo de 30 dias contado da entrada do requerimento, o Instituto Nacional de Turismo deverá comunicar ao interessado a decisão tomada.

2. Considera-se que o empreendimento tem interesse para o turismo, se o Instituto Nacional do Turismo não comunicar ao interessado, a sua decisão no prazo referido no número anterior.

ARTIGO 4.º

1. A declaração excepcional de interesse para o turismo dos estabelecimentos previstos no n.º 2 do artigo 5.º do Decreto-Lei n.º 14/94, poderá ser feita oficiosamente ou a requerimento do interessado, devendo neste último caso, o requerente fundamentar a sua pretensão e solicitar uma vistoria ao estabelecimento.

2. O Instituto Nacional do Turismo poderá condicionar o deferimento da pretensão à realização, dentro do prazo que for fixado, das obras consideradas essenciais ao funcionamento do estabelecimento, com um nível aceitável.

ARTIGO 5.º

1. Declarado um estabelecimento sem interesse para o turismo, o Instituto Nacional do Turismo poderá, a qualquer tempo, oficiosamente ou a requerimento do interessado, rever essa declaração, precedendo vistoria.

2. Quando a revisão tiver lugar por iniciativa do interessado, este deverá apresentar requerimento expondo fundamentadamente a sua pretensão.

3. No caso previsto no número anterior o interessado deverá instruir o requerimento com os elementos que seriam exigíveis para a apreciação da localização, do anteprojecto ou projecto do estabelecimento.

Secção III
Da Instalação dos Estabelecimentos Hoteleiros

Subsecção I
Localização

Artigo 6.º

1. No prazo de seis meses, contado da data em que foi notificado da declaração de interesse para o turismo ou do termo do prazo a que se refere o n.º 1 do artigo 3.º, o interessado deverá apresentar os elementos referidos nos artigos seguintes, para apreciação em pormenor da localização do estabelecimento.

2. O instituto Nacional de Turismo poderá, a requerimento do interessado prorrogar o prazo referido no número anterior por períodos que não devem exceder, no seu conjunto, seis meses.

3. A declaração de interesse caducará se, decorrido esse prazo, os elementos a que se refere o número 1 não tiverem sido apresentados.

Artigo 7.º

1. Quando se tratar de estabelecimento hoteleiro a instalar em edifício a construir os elementos a apresentar para apreciação da localização são os seguintes:

1) Planta de localização a que se refere o n.º 2 do artigo 2.º, salvo se tiver sido já apresentada;
2) Planta de implantação do empreendimento a escala de 1:1000 ou 1:2000, mostrando a situação da construção em relação à sua área envolvente;
3) Esboceto da solução prevista o abastecimento de água, drenagens, destino final dos esgotos domésticos e pluviais, arruamentos, acessos e electrificação;
4) Memória descritiva do empreendimento, indicando, nomeadamente:

   a) Integração no local, sob o ponto de vista paisagístico e urbanístico;
   b) Área total do terreno;

96 | *Investimento Imobiliário e Turístico em Cabo Verde*

c) Partido geral da composição, zoneamento previsto, via de acesso, volumetria e cércea do edifício;

d) Área prevista para a construção;

e) Definição das zonas recreativas e espaços livres previstos;

f) Total previsto de quartos;

g) Total previsto de camas;

h) Indicação sumária das soluções para fornecimento de água e electricidade, bem como a rede de esgotos;

i) Grupo e categoria pretendidos para o estabelecimento;

j) Quaisquer outros elementos que o interessado julgue convenientes para ilustrar as características particulares do empreendimento.

2. Quando se tratar de estabelecimentos a instalar em edifício já construído, os elementos a apresentar para apreciação da localização serão os seguintes:

1) Planta de localização a que se refere o n.º 2 do artigo 2.º, salvo se já tiver sido apresentada;

2) Esboceto da solução prevista para as infra-estruturas, a que refere a alínea 7, 4) do número 1 deste artigo, se for caso disso;

3) Memória descritiva do empreendimento, indicando nomeadamente:

a) Total previsto de quartos;

b) Indicação sumária das soluções para fornecimento de água e electricidade, bem como da rede de esgotos;

c) Arruamentos e acessos;

d) Área prevista para o estacionamento;

e) Definição de zonas recreativas e espaços livres previstos;

f) Grupo e categoria pretendidos para o estabelecimento;

g) Quaisquer outros elementos que o interessado julgue convenientes para ilustrar as características do particulares do empreendimento;

h) Fotografias, em formato 18cm x 24cm, das fachadas do edifício.

ARTIGO 8.º

1. Aprovada a localização, o interessado deverá apresentar o respectivo ante-projecto ou o projecto no prazo que for fixado pelo Instituto

Nacional do Turismo, o qual deverá, para o efeito, ter em atenção as características e a dimensão do empreendimento, não podendo no entanto, ser inferior a seis meses nem superior a dois anos.

2. O Instituto Nacional do Turismo poderá, a requerimento fundamentado do interessado, prorrogar o prazo referido no número anterior não podendo o total de prorrogações exceder dois anos.

3. Se o ante-projecto ou o projecto não forem apresentados dentro do prazo, caducará a declaração de interesse para o turismo.

SUBSECÇÃO II

Do ante-projecto e projecto

ARTIGO 9.º

1. Quando se pretender construir um estabelecimento hoteleiro, o ante-projecto ou projecto será constituído pelos seguintes elementos:

1) Planta de implantação à escala de 1:100 ou 1:2000, que permita observar a situação da construção a realizar;

2) Plantas das edificações, nos seus diferentes pavimentos, à escala de 1:100 pelos quais se possa apreciar a distribuição das instalações projectadas e suas circulações e do equipamento;

3) Cortes no sentido longitudinal e transversal necessários para a boa compreensão do projecto, devendo um dos cortes passar pelas zonas dos acessos verticais;

4) Alçados à escala de 1:100 das fachadas dos diferentes edifícios, com a indicação dos materiais de acabamento e cores a empregar;

5) Ante-projecto ou projecto das infra-estruturas a que se refere a alínea 4 do n.º 1 do artigo 7.º;

6) Memória descritiva e justificativa, da qual conste designadamente:

a) Características físicas do local: relevo, orientação geográfica, hidrográfica e cobertura vegetal;

b) Integração do edifício no local no aspecto arquitectónico e paisagístico;

c) Partido geral da composição e das características essenciais da construção dos edifícios;

d) Funcionamento dos diferentes serviços e instalações previstas e suas ligações, das circulações horizontais e verticais, dos proces-

98 | *Investimento Imobiliário e Turístico em Cabo Verde*

sos de ventilação, das instalações e dos condicionamentos de ar e outras similares consideradas e ainda, de uma maneira geral, de tudo o que se torne necessário descrever, para conveniente entendimento das soluções apresentadas;

e) Grupo e categorias pretendidas para o estabelecimento;

f) Prazo previsto para o início da construção;

2. Nas plantas a que se refere a alínea 2) do número anterior deve constar a indicação das áreas, em conformidade com as exigências da tabela anexa a este regulamento.

ARTIGO 10.º

1. Quando se tratar de estabelecimento hoteleiro a instalar em edifício já construído, o ante-projecto ou projecto será constituído pelos seguintes elementos:

1) Planta do edifício nos diferentes pavimentos ocupados ou afectados ao estabelecimento à escala de 1:100, pelas quais se possa apreciar a distribuição das instalações projectadas e suas circulações e a do equipamento;

2) Cortes no sentido longitudinal e transversal da parte do edifício destinada ao estabelecimento à escala de 1:100, em número necessário para a boa compreensão do projecto, devendo um dos cortes passar pela zona de acessos verticais;

3) Alçados à escala de 1:100 das fachadas do edifício;

4) Ante-projecto ou projecto das infra-estruturas a que se refere a alínea 4) do n.º 1 do artigo 7.º, se for caso disso;

5) Memória descritiva e justificativa, da qual conste designadamente:

a) Características essenciais da construção do edifício;

b) Funcionamento dos diferentes serviços e instalações previstas e suas ligações, das circulações horizontais e verticais, dos processos de ventilação, das instalações de condicionamento de ar e outras similares consideradas e ainda, de uma maneira geral, de tudo o que se torne necessário descrever para conveniente entendimento das soluções adoptadas;

c) Grupo e categoria pretendidas para o estabelecimento;

d) Prazo previsto para o início e termo das obras se as houver.

2. Na planta a que se refere a alínea 2) do número anterior deve constar a indicação das áreas, em conformidade com as exigências da tabela anexa a este regulamento.

3. Quando se trate de pensões de uma ou duas estrelas, os elementos exigidos nas alíneas 1) a 3) do n.º 1, poderão ser substituídas por uma única planta descritiva do estabelecimento, se não houver obras, ou a simplicidade destas o permitir.

Artigo 11.º

1. No caso de o interessado ter apresentado ante-projecto, deverá, em seguida à sua aprovação apresentar o respectivo projecto.

2. O projecto será constituído pelos elementos previstos nos artigos 9.º e 10.º do presente regulamento completados com os pormenores próprios desta fase e dando satisfação aos condicionalismos estabelecidos na aprovação do ante-projecto.

3. Aplicar-se-á com as necessárias adaptações o disposto no artigo 8.º.

Secção IV
Da Instalação dos estabelecimentos similares

Subsecção I
Localização

Artigo 12.º

1. Declarado o estabelecimento similar de interesse para o turismo, o interessado deverá apresentar no Instituto Nacional de Turismo, para apreciação da localização, os elementos constantes dos artigos seguintes, conforme for o caso.

2. Aplicar-se-á a estes estabelecimentos, com as necessárias adaptações, o disposto no artigo 8.º.

Artigo 13.º

Tratando-se de estabelecimento similar a construir, os elementos a apresentar para a apreciação da respectiva localização, serão os seguintes:

1) Planta de localização a que se refere o n.º 2 do artigo 2.º, salvo se já tiver sido apresentada;

2) Planta de implantação do empreendimento à escala de 1:1000 ou 1:2000, mostrando a situação da construção em relação à sua área envolvente;
3) Planta sumária das instalações;
4) Esboceto da solução prevista para o abastecimento de água, drenagem, destino final dos esgotos domésticos e pluviais, acessos e electrificação;
5) Memória descritiva, da qual conste, designadamente:

   a) Grupo e categoria pretendidos para o estabelecimento;
   b) Indicação das várias actividades, quando se pretendem exercer cumulativamente actividades correspondentes a vários grupos e da actividade principal;
   c) Integração no local, sob o ponto de vista paisagístico e urbanístico;
   d) Área total do terreno;
   e) Área prevista para a construção;
   f) Área prevista para o estacionamento;
   g) Indicação sumária das soluções para fornecimento de água e electricidade, bem como da rede de esgotos;
   h) Partido geral da composição, volumetria e áreas do edifício;
   i) Definição das zonas públicas e de serviços.

ARTIGO 14.º

Quando se pretender instalar estabelecimento similar em edifício já construído, os elementos a apresentar para a apreciação da localização serão os seguintes:

1) Planta de localização a que se refere o n.º 2 do artigo 2.º, salvo se já tiver sido apresentada;
2) Planta sumária das instalações;
3) Esboceto da solução prevista para as infra-estruturas a que se refere a alínea 4) do artigo 13.º, se for caso disso;
4) Memória descritiva da qual conste designadamente:

   a) Grupo e categoria pretendidos para o estabelecimento;
   b) Indicação das várias actividades, quando se pretendam exercer cumulativamente actividades correspondentes a vários grupos e da actividade principal;

c) Área total do estabelecimento;
d) Número de pisos ocupados;
e) Definição das zonas públicas e de serviço e respectivas áreas;
f) Indicação do pé direito das dependências a ocupar;
g) Fotografias, com formato 18cm x 24cm, das fachadas do edifício.

Subsecção II

Do ante-projecto e projecto

ARTIGO 15.º

1. Aprovada a localização, o interessado deverá apresentar no Instituto Nacional de Turismo o respectivo projecto no prazo fixado para o efeito.

2. Aplicar-se-á, quanto a prazos, o disposto nos números 2 e 3 do artigo 8.º.

ARTIGO 16.º

Tratando-se de estabelecimento similar a construir, o projecto será constituído pelos elementos constantes das alíneas 1) a 5) do n.º 1 do artigo 9.º e ainda memória descritiva e justificativa, da qual conste designadamente:

a) Integração do edifício no local no aspecto arquitectónico e paisagístico;
b) Partido geral da composição e características essenciais da construção;
c) Materiais de construção a aplicar;
d) Materiais de revestimento e decorativos a utilizar;
e) Características genéricas do estabelecimento e específicas das zonas públicas e de serviço;
f) Grupo e categoria pretendidos para o estabelecimento;
g) Prazo previsto para o início e termo da construção.

ARTIGO 17.º

Quando se pretender instalar estabelecimento similar em edifício já construído, o projecto será constituído pelos seguintes elementos:

1) Plantas dos diferentes pavimentos à escala 1:100, pela qual se possa apreciar a distribuição das instalações projectadas e suas circulações e a do equipamento;
2) Cortes no sentido longitudinal e transversal à escala de 1:100, em número necessário para a boa compreensão do projecto;
3) Alçado ou alçados do estabelecimento de forma a permitir a apreciação do arranjo das fachadas, quando a ele houver lugar;
4) Esboceto da solução prevista para o abastecimento de água, drenagem, destino final dos esgotos domésticos pluviais, acessos e electrificação, se for caso disso;
5) Memória descritiva e justificativa, indicando:

   a) Características essenciais da construção;
   b) Materiais a aplicar;
   c) Materiais de revestimento e decorativos a utilizar;
   d) Características genéricas do estabelecimento e específicas das zonas públicas e de serviço;
   e) Grupo e categoria pretendidos para o estabelecimento;
   f) Prazo previsto para o início das obras, se as houver.

SECÇÃO V
Disposições comuns

ARTIGO 18.º

1. Os elementos a que se referem os artigos 7.º, 9.º, 10.º, 11.º, 13.º, 14.º, 16.º, e 17.º deverão ser apresentados em triplicado, com excepção das fotografias que serão em duplicado.

2. O Instituto Nacional do Turismo poderá exigir, se necessário, a apresentação de mais exemplares.

ARTIGO 19.º

1. Além dos elementos referidos nas secções anteriores, o Instituto Nacional do Turismo poderá ainda solicitar do interessado quaisquer

outros que forem julgados indispensáveis para uma correcta apreciação dos processos.

2. Estes elementos deverão ser solicitados ao interessado aquando da notificação da decisão sobre a fase anterior, salvo se a sua necessidade resultar de circunstâncias supervenientes.

3. O interessado poderá também, em qualquer caso, apresentar outros elementos que julgue convenientes para uma melhor apreciação das características do empreendimento.

ARTIGO 20.º

1. Quando a instalação dos estabelecimentos hoteleiros e similares implica a utilização de terreno de domínio público marítimo ou sujeitos à jurisdição das autoridades marítimas, hidráulicas ou portuárias, o interessado deverá também apresentar documento das entidades competentes comprovativo de ter sido autorizada ou concedida aquela utilização.

2. Se o documento referido não for apresentado conjuntamente com os restantes elementos, o processo de localização será suspenso por um período de seis meses, findo o qual será arquivado, sem prejuízo do disposto no número seguinte ou de nova apreciação quando o documento for entregue.

3. Se no prazo referido no número anterior o interessado não apresentar, por circunstâncias independentes da sua vontade, o documento exigido, poderá o Instituto Nacional do Turismo, sempre que o interesse do empreendimento para o turismo nacional o justifique, propor superiormente às autoridades requeridas que sejam tomadas as providências necessárias à adopção do regime que se apresente como mais expedito e equilibrado para alcançar o fim pretendido.

ARTIGO 21.º

1. Quando os elementos exigidos, nos termos das alíneas anteriores, não forem apresentados em conformidade com o disposto no presente regulamento, o Instituto Nacional do Turismo deverá solicitar imediatamente ao interessado que corrija ou supra as deficiências verificadas.

2. Neste caso, os prazos impostos só começarão a contar a partir da data em que forem corrigidas ou supridas as deficiências.

Artigo 22.º

Quando houver lugar à intervenção de outras entidades ou serviços, e as decisões não tiverem sido tomadas em reunião conjunta, o Instituto Nacional do Turismo deverá pronunciar-se no prazo de trinta dias, a contar da última comunicação recebida.

Artigo 23.º

1. Com a aprovação do projecto, o Instituto Nacional do Turismo comunicará ao interessado o prazo fixado para o início das obras.

2. O prazo previsto no número anterior pode ser prorrogado por motivo atendível, a requerimento do interessado, por um período de tempo considerado razoável.

Artigo 24.º

Da apresentação, pelo interessado, dos elementos previstos neste capítulo ser-lhe-á passado recibo, do qual conste a data do seu recebimento e a menção dos elementos entregues.

Artigo 25.º

O interessado terá sempre direito a ser informado do estado do processo e a obter as certidões que pretender, devendo indicar o fim para que as requer.

Capítulo II
Requisitos comuns
a todos os estabelecimentos hoteleiros.

Secção I
Dos requisitos gerais

Artigo 26.º

Para além dos requisitos previstos para cada grupo e categoria, os estabelecimentos hoteleiros deverão ainda obedecer aos requisitos comuns constantes deste capítulo.

Artigo 27.º

Na construção, instalação e funcionamento dos estabelecimentos hoteleiros devem observar-se as medidas de segurança contra incêndios constantes do Anexo II ao presente regulamento.

Artigo 28.º

Todos os estabelecimentos hoteleiros devem estar dotados de água corrente e electricidade e dispor de telefone ligado à rede geral para uso dos clientes.

Artigo 29.º

1. A instalação eléctrica dos estabelecimentos deve estar realizada em conformidade com as disposições aplicáveis na lei em vigor.

2. Cada estabelecimento hoteleiro deverá estar dotado de um sistema de iluminação de segurança concebido de modo a entrar em funcionamento logo que o sistema de iluminação normal falhe.

3. Todos os aparelhos e equipamentos eléctricos devem obedecer às disposições legais em vigor.

Artigo 30.º

1. As instalações sanitárias deverão, ter pelo menos, água corrente e ventilação directa ou artificial, com contínua renovação de ar.

2. Estas instalações deverão estar sempre dotadas de toalhas ou secadores.

3. As paredes, pavimentos e tectos serão revestidos de materiais de fácil limpeza.

4. O pavimento destas instalações deverá ter uma ligeira inclinação orientada para um orifício de evacuação de águas munido de uma grelha ou qualquer outro dispositivo semelhante.

Artigo 31.º

1. Consideram-se comuns as instalações sanitárias quando se destinam a ser utilizadas por todos os utentes do estabelecimento, pelo pessoal ou pelo público em geral;

2. Consideram-se privativas as instalações sanitárias quando estão ao serviço exclusivo de um quarto;

106 | *Investimento Imobiliário e Turístico em Cabo Verde*

3. Os estabelecimentos, sempre que possível, deverão possuir algumas instalações sanitárias dotadas de equipamentos destinados aos utentes com deficiências motoras.

Artigo 32.º

1. As instalações sanitárias dos estabelecimentos hoteleiros, a seguir designadas entendem-se, para todos os efeitos, constituídas da forma seguinte:

a) Sanitário – é a instalação constituída por retrete e lavatório;

b) Chuveiro – é a instalação constituída por chuveiro e lavatório;

c) Casa de banho simples – é a que dispõe de chuveiro e bidé ou polibanho, lavatório e retrete;

d) Casa de banho completa – é a que dispõe de banheira, com braço de chuveiro, lavatório, bidé e retrete;

e) Casa de banho especial – é a composta por dois compartimentos, que podem não comunicar entre si, dotada de banheira com braço de chuveiro, dois lavatórios, retrete e bidé.

2. Os chuveiros e as casas de banho deverão dispor de água corrente a todas as horas, quando forem privativas dos quartos ou apartamentos e durante as horas normais da sua utilização (6 às 24horas) nos outros casos.

Artigo 33.º

1. As instalações sanitárias previstas no artigo anterior, com excepção dos sanitários, deverão ainda ser equipadas com o seguinte:

a) Luz e espelho por cima do lavatório;

b) Suporte para objectos de toucador;

c) Tomada de corrente com indicação de voltagem, obedecendo às normas legais de segurança, junto de um espelho;

d) Cortinas ou outro resguardo nas banheiras e nos chuveiros ou polibanhos;

e) Tapetes de banho;

f) Toalheiros;

g) Campainha de chamada junto das banheiras e dos chuveiros ou polibanhos;

2. Nos hóteis-apartamentos não é exigível o requisito da alínea g) do número anterior.

ARTIGO 34.º

1. A graduação do ar condicionado deverá ser poder ser separadamente regulada para as diversas dependências de utilização dos clientes.
2. Deverá, em qualquer caso, ser mantida a conveniente humidade relativa do ar.

ARTIGO 35.º

O Instituto Nacional do Turismo poderá dispensar, total ou parcialmente a instalação de ar condicionado se pela localização do estabelecimento e período da exploração, tal requisito se mostrar desnecessário.

ARTIGO 36.º

A instalação de máquinas ou aparelhagens, ascensores, condutas de água e esgotos efectuar-se-á de modo que se eliminem ruídos e vibrações, devendo utilizar-se para esse fim os meios técnicos adequados.

ARTIGO 37.º

1. Os estabelecimentos e respectivas instalações, mobiliário e demais pertences deverão ser mantidos nas devidas condições de apresentação, funcionamento e limpeza, reparando-se prontamente as deteriorações ou avarias verificadas.
2. Nas indicações destinadas a dar a conhecer aos clientes quer os serviços que o estabelecimento pode oferecer quer outras informações de carácter geral, deverão ser usados os sinais normalizados constantes do anexo III ao presente regulamento.
3. O Instituto Nacional do Turismo poderá fixar outros sinais a usar nos estabelecimentos.

SECÇÃO II
Das dependências comuns

ARTIGO 38.º

A superfície dos átrios deverá estar de acordo com a capacidade receptiva dos estabelecimentos, devendo, em todo o caso, ser suficiente para permitir um fácil acesso às suas dependências.

ARTIGO 39.º

Nos estabelecimentos classificados de cinco e quatro estrelas e nos hotéis de três estrelas, as zonas de convívio e refeição deverão ser revestidas, em grande parte da sua superfície, com carpetes de qualidade adequada, admitindo-se no entanto outras soluções, desde que garantam o mesmo nível de instalação.

ARTIGO 40.º

As salas de refeições dos estabelecimentos deverão ter ventilação directa para o exterior ou, na sua falta, dispositivos de renovação de ar adequados à capacidade das mesmas.

ARTIGO 41.º

1. Quando nos estabelecimentos existirem salões para banquetes, festas ou conferências, estes deverão ser dotados de um vestíbulo de recepção próprio, com vestuários, instalações sanitárias e pelo menos, uma cabina telefónica se a sua capacidade o justificar, e na medida em que as restantes instalações do estabelecimento os não possam apoiar.

2. A área destes salões não será considerada na área mínima exigida para as zonas de convívio.

ARTIGO 42.º

As instalações dos estabelecimentos onde se ofereça música para dançar ou outras manifestações culturais deverão ser isoladas acusticamente.

Artigo 43.º

1. Deverá haver instalações sanitárias comuns em todos os pisos em que existam salões, salas de refeições ou outras zonas de convívio excepto se no piso imediato e a uma distância que permita a sua cómoda utilização, existirem outras instalações sanitárias comuns.

2. As instalações sanitárias comuns terão sempre uma porta de entrada dupla, com um pequeno vestíbulo entre elas, se com uma única porta se não conseguir o seu necessário isolamento do exterior.

3. As instalações sanitárias a que se refere este artigo deverão ser separadas por sexos, salvo nas pensões de duas e três estrelas.

Artigo 44.º

Nos estabelecimentos poderão instalar-se lojas desde que o seu nível esteja de acordo com a classificação do estabelecimento e não afectem as áreas exigidas no presente regulamento.

Secção III
Dos Acessos Verticais

Artigo 45.º

1. Os acessos verticais dos estabelecimentos serão constituídos pelas escadas principais de serviço e suplementares, ascensores, monta-cargas e monta-pratos.

2. Sem prejuízo do disposto nos artigos seguintes, a organização e composição dos diferentes meios de acesso, previstos no número anterior, dependerá essencialmente, do grupo e categoria do estabelecimento e será determinada tendo em atenção a solução arquitectónica adoptada, o número de quartos e de pavimentos, a distribuição das zonas públicas e as condições de segurança.

3. Sempre que existirem ascensores, um deles, pelo menos, deve ter condições para permitir a deslocação de deficientes motores, sempre que possível.

110 | *Investimento Imobiliário e Turístico em Cabo Verde*

Artigo 46.º

1. Quando o estabelecimento esteja instalado em edifício com mais de três pisos, no programa dos seus acessos verticais deverá prestar-se especial atenção ao número e características dos ascensores e monta-cargas a instalar.

2. Neste caso, o número de escadas sempre providas de corrimão, as suas dimensões e localização serão determinadas em função do número de pavimentos ocupados pelo estabelecimento e de quartos por piso, bem como pela forma do edifício ou pelo sistema distributivo horizontal e as condições de segurança.

3. Nestes estabelecimentos, as funções da escada principal geral poderão acumular-se com as da escada de serviço, sempre que o seu programa de acessos verticais o permita fazer, sem que disso resulte prejuízo para o serviço e para a sua utilização pelos hóspedes.

4. Nos casos previstos no número anterior, as escadas devem ter também uma saída para as zonas destinadas aos hóspedes.

Artigo 47.º

1. Exceptuados os estabelecimentos de luxo, cinco e quatro estrelas e os hotéis de três estrelas só será exigido ascensor no caso do estabelecimento ter mais de três pisos, incluindo o rés-do-chão.

2. Nos casos em que se exija a instalação de ascensores, estes deverão servir para todos os andares em que se situem instalações a utilizar pelos clientes.

3. O número de unidades, a sua capacidade e velocidade serão definidas em função do número de andares do edifício.

4. Aplicar-se-á o disposto nos números anteriores quando o estabelecimento não ocupe todo o edifício mas se situe ou atinja níveis superiores ao terceiro andar.

5. Os espaços de acesso dos elevadores nos diferentes andares deverão ter a área suficiente para permitir a entrada e saída dos utentes de forma correcta.

6. No quadro de comandos dos ascensores deverá existir indicação clara do piso da saída normal do estabelecimento.

7. Aplicar-se-á aos monta-cargas com as necessárias adaptações, o disposto nos números anteriores.

Artigo 48.º

As instalações de ascensores e monta-cargas devem ser realizadas de acordo com as disposições da regulamentação em vigor.

Secção IV
Dos quartos

Artigo 49.º

1. Todos os quartos e apartamentos devem ser identificados mediante um número que será colocado no exterior da respectiva porta de entrada, em local bem visível.

2. Quando os quartos ou apartamentos se situem em mais de um piso, o primeiro algarismo do número que os identifique indicará o piso e o restante ou restantes o número de ordem do quarto.

3. As portas dos quartos deverão possuir para além das fechaduras normais um sistema de segurança que permita ao hóspede impedir a sua abertura do exterior.

Artigo 50.º

1. Todos os quartos deverão ter uma janela ou sacada dando directamente para o exterior.

2. A área de abertura para o exterior não poderá ser inferior a 1,2 m².

3. As janelas ou sacadas dos quartos deverão ser dotadas de um sistema que permita impedir totalmente a entrada de luz e ruídos.

Artigo 51.º

1. Todos os quartos destinados a hóspedes deverão ter, pelo menos, o seguinte:

a) Uma cama individual ou de casal, ou duas camas individuais com as seguintes dimensões mínimas:
Individual: 0,9 x 2,00
Casal: 1,40 x 2,00

b) Uma ou duas mesas de cabeceira, ou soluções equivalentes de apoio;

112 | *Investimento Imobiliário e Turístico em Cabo Verde*

c) Um banco ou cadeira e uma pequena mesa;

d) Um banco ou estrado para malas ou outra solução adequada;

e) Um roupeiro ou espaço devidamente organizado para tal fim, dotado de cabides em número suficiente;

f) Tapetes de cama com dispositivo anti-derrapante, segundo o número de ocupantes;

g) Iluminação geral suficiente e adequada às necessidades dos utentes;

h) Luzes de cabeceira com comutador ao alcance da mão;

i) Uma campainha de chamada do pessoal de serviço junto da cabeceira da cama, salvo se estiver previsto o uso do telefone para o efeito.

2. Dos requisitos previstos no número anterior não serão exigíveis:

a) Nas pensões de duas estrelas, o previsto nas alíneas d) e h).

b) Nas pensões de uma estrela, os previstos nas alíneas c), d), f) e h).

3. Quando os quartos não estiverem dotados de instalações sanitárias privativas, deverão possuir lavatório e bidé, ligados ao esgoto, com água corrente e espelho iluminado com prateleira e tomada eléctrica junto dele.

4. As paredes e os pavimentos junto dos lavatórios e bidés deverão estar devidamente impermeabilizados com materiais resistentes e de fácil limpeza.

5. O disposto nos números três e quatro não se aplica aos hotéis--apartamentos e aos aldeamentos turísticos.

ARTIGO 52.º

1. Quando os estabelecimentos ofereçam quartos com salas ou terraços privativos, aquelas e estes deverão dispor das áreas mínimas fixadas na tabela anexa ao presente regulamento.

2. As salas privativas poderão comunicar com um ou mais quartos, devendo, porém estar aptas a funcionar como anexo apenas de um deles, com isolamento dos demais.

3. As áreas das salas e dos terraços privativos não serão consideradas no cálculo da área dos respectivos quartos.

Artigo 53.º

1. "Suite" é um conjunto constituído, no mínimo por antecâmara de entrada, quarto de dormir, casa de banho privativa e sala, comunicantes entre si, através da antecâmara.

2. As salas das suites deverão ser dotadas de telefone e dispor das áreas mínimas fixadas na tabela anexa ao presente regulamento.

3. As instalações, designadamente as sanitárias deverão corresponder à classificação do estabelecimento.

4. Sempre que os elementos integrantes da "suite" não forem comunicantes entre si pela antecâmara de entrada, as instalações serão classificadas como "suite júnior".

Artigo 54.º

Nos estabelecimentos hoteleiros devem fixar-se em todos os quartos em lugar bem visível tabelas normalizadas das quais constem o nome e classificação do estabelecimento, o número do quarto e os preços do aposento e do primeiro almoço continental, bem como os do almoço e do jantar, quando exista serviço de restauração em regime de refeição completa.

Secção V
Das zonas de serviço

Artigo 55.º

1. Nos estabelecimentos de cinco e quatro estrelas e nos hotéis-apartamentos e aldeamentos turísticos as zonas de serviço deverão se completamente separadas das destinadas ao uso dos clientes.

2. Nos restantes estabelecimentos deve proceder-se à instalação de zonas de serviço por forma a evitar-se a propagação de cheiros e obter-se o seu conveniente isolamento das outras dependências.

3. Nestes estabelecimentos deverá existir uma zona de apoio oficial sempre que a capacidade, categoria e localização o justifiquem.

Artigo 56.º

1. As cozinhas deverão dispor de arejamento e iluminação naturais suficientes e, não sendo possível, terão sempre ventilação e iluminação artificial adequados à sua capacidade.

2. Em qualquer caso, as cozinhas disporão de aparelhos para a renovação de ar e extracção de fumos e cheiros.

3. O pavimento, as paredes e o tecto das cozinhas, copas, instalações complementares e zonas de comunicação, com as salas de refeições, deverão revestidos de materiais resistentes e impermeáveis e de fácil limpeza.

4. Os pavimentos destas zonas deverão, ainda, ser anti-derrapantes e na cozinha e copa, ter uma ligeira inclinação para um orifício de evacuação de águas munido de uma grelha ou qualquer outro dispositivo semelhante.

5. As paredes deverão ser lisas e revestidas até ao tecto.

6. As cozinhas deverão estar equipadas com lavatórios destinados ao pessoal colocados à entrada, sempre que possível.

7. A comunicação das cozinhas com as salas de refeições deverá ser de molde a permitir uma circulação rápida, com trajectos breves, ou dispor de ligação directa por monta-pratos ou monta-cargas com capacidade adequada quando a cozinha não se situe no mesmo piso da sala de refeições.

8. Em qualquer caso deverão existir copas junto da sala de refeições.

Artigo 57.º

1. Todos os estabelecimentos deverão possuir instalações frigoríficas para conservação e refrigeração de alimentos e bebidas de harmonia com a sua categoria, capacidade, características e condições locais de abastecimento.

2. As instalações frigorificas devem ser dotadas de equipamento que permita controlar em qualquer altura o seu funcionamento.

Artigo 58.º

Todos os estabelecimentos deverão dispor, de acordo com a sua capacidade e características do serviço prestado, de:

a) Uma zona destinada a rouparia;

b) Uma arrecadação na zona fechada destinada à recolha de taras vazias.

ARTIGO 59.º

1. O conjunto de instalações destinado à circulação do serviço, sua destruição e apoio pelos vários pavimentos, normalmente composto por escadas de serviço, monta-cargas e copas de andar, constituirá a coluna de serviço.

2. As escadas de serviço e os monta-cargas servirão todos os andares e comunicarão com as copas de andar.

3. A existência e composição da coluna de serviço serão, em todo o caso, determinadas pela capacidade receptiva do estabelecimento, número de quartos por andar e soluções de serviço adoptadas.

SECÇÃO VI
Dos anexos

ARTIGO 60.º

1. Os estabelecimentos hoteleiros poderão dispor de anexos que ficam sujeitos, com as necessárias adaptações, às normas aplicáveis aos estabelecimentos principais.

2. Os anexos devem situar-se em edifício contíguo ao estabelecimento principal ou à distância tão próxima dele que a sua utilização não constitua incómodo para os hóspedes.

3. As instalações dos anexos devem satisfazer as mesmas características e requisitos do estabelecimento principal

4. Serão dispensáveis as instalações de uso comum e de serviço que a contiguidade ou proximidade do estabelecimento principal puder suprir.

CAPÍTULO III
Dos hotéis

SECÇÃO I
Dos requisitos mínimos de classificação

ARTIGO 61.º

1. Para um estabelecimento ser classificado como hotel deverá ocupar a totalidade de um edifício ou uma parte dele completamente

116 | *Investimento Imobiliário e Turístico em Cabo Verde*

independente, constituindo as suas instalações um todo homogéneo, e dispor de acesso directo aos andares para uso exclusivo de clientes.

2. Para ser classificado de hotel o estabelecimento tem de possuir no mínimo, vinte quartos.

ARTIGO 62.º

1. Os hotéis classificar-se-ão atendendo às suas características e localização, bem como à qualidade das suas instalações e dos serviços que oferecem nas categorias de cinco, quatro, três e duas estrelas.

2. Os hotéis de cinco estrelas poderão ser classificados de luxo, desde que satisfaçam as exigências estabelecidas no presente regulamento.

3. O Instituto Nacional do Turismo decidirá quanto à existência, características e amplitude de instalações desportivas e de recreio, tendo em atenção a localização do estabelecimento dentro ou fora das zonas urbanas e a respectiva categoria.

4. O Instituto Nacional do Turismo poderá dispensar, nas instalações dos hotéis, alguns dos requisitos mínimos a que se refere o presente capítulo, quando se trata do aproveitamento de edifícios de interesse histórico ou arquitectónico e a sua observância se mostrar tão onerosa que seja de modo a inviabilizar o projecto ou afectar as características próprias do edifício.

SECÇÃO II
Dos Hotéis de cinco estrelas

ARTIGO 63.º

1. Para um hotel ser classificado de cinco estrelas deverá implantar--se em local adequado à sua categoria e oferecer o máximo conforto e comodidade, designadamente em matéria de níveis de iluminação e de isolamento acústico, aspecto geral e ambiente requintados e obedecer, além disso, às características e requisitos mínimos constantes dos artigos seguintes e às áreas fixadas na tabela anexa.

ARTIGO 64.º

1. Nas zonas destinadas a hóspedes deverá existir:

a) Atrio, no qual se situarão a portaria, recepção, vestiário, tabacaria com imprensa internacional e cabinas telefónicas isoladas acusticamente;

b) Cofres individuais destinados à guarda de valores dos hóspedes, salvo se existirem nos quartos;

c) Zonas de estar, de escrita, de leitura, de televisão e de jogos organizados, salas ou zonas de estar, concebidas de acordo com a necessidade de assegurar convenientemente a compatibilidade das funções a que se destinam;

d) Sala ou salas destinadas ao serviço de refeições ou restaurantes, em número e com capacidade correspondente, no mínimo, a 60% do número de camas do estabelecimento;

e) Bar ou bares instalados em salas próprias ou nas zonas de estar devendo, neste caso, as áreas que lhes estejam reservadas ser destacadas e diferenciadas das restantes partes;

f) Um ascensor, pelo menos, sempre que o estabelecimento tenha mais que um piso;

g) Todos os quartos com casa de banho privativa, com água quente e fria, antecâmara espaçosa e dotados de telefone com ligação interna e directa à rede exterior, nacional e internacional, sempre que possível;

h) Suites em número correspondente a 5% dos quartos existentes;

i) Dispositivos de chamada do pessoal de serviço e telefones com ligação interna e exterior em todas as dependências destinadas aos hóspedes;

j) Garagem ou parque guardado de acordo com a capacidade e localização do estabelecimento;

l) Instalação de som ou rádio e televisão em todos os quartos;

m) Ar condicionado em todas as zonas públicas e privadas de uso dos hóspedes.

2. As suites e a maioria dos quartos duplos deverão ter casa de banho especial e os restantes casa de banho completa.

3. Quando o estabelecimento se situe fora dos centros urbanos, deverão existir instalações de recreio e para a prática de desportos, nomeadamente piscina dotada com iluminação artificial e campos de jogos.

118 | *Investimento Imobiliário e Turístico em Cabo Verde*

4. Quando o estabelecimento se situar dentro de povoação, a garagem ou o parque deverão ter capacidade para aparcar o número de veículos correspondente a, pelo menos 40% do número de quartos do estabelecimento, salvo se for exigido número superior por outras normas.

5. Nestes estabelecimentos será posto à disposição dos clientes um serviço de telex, telefone e telecópias.

ARTIGO 65.º

1. Na zona de serviço deverá existir:

a) Entrada para bagagens, mercadorias e pessoal distinta da entrada dos clientes;

b) Depósito para bagagens;

c) Coluna de serviço;

d) Cozinha, copa e instalações complementares, dotadas de todos os elementos necessários, de acordo com o nível e a capacidade do estabelecimento;

e) Zonas de armazenagem designadamente, para viveres e bebidas, com áreas e compartimentos adequados;

f) Câmaras frigoríficas;

g) Dependências para o pessoal com separação de sexos, constituídas por vestiários e instalações sanitárias dotadas de chuveiros e retretes;

h) Salas de refeições para o pessoal, que poderão servir de salas de convívio fora das horas de refeição.

SECÇÃO III
Dos hotéis de quatro estrelas

ARTIGO 66.º

Para um hotel ser classificado de quatro estrelas deverá dispor de um bom nível de instalações, mobiliário e apetrechamento, oferecendo um aspecto geral e ambiente cómodos e confortáveis e obedecer, além disso, aos requisitos mínimos constantes dos artigos seguintes e às áreas fixadas na tabela anexa.

ARTIGO 67.º

1. Nas zonas destinadas aos hóspedes deverá existir:

a) Átrio, no qual se situarão a portaria e recepção, vestiário, tabacaria e cabinas telefónicas, isoladas acusticamente;

b) Cofres individuais destinados à guarda de valores dos hóspedes, salvo se existirem nos quartos;

c) Salas de estar ou zonas organizadas tendo em atenção a necessidade de assegurar convenientemente a compatibilidade das funções a que se destinam e nas quais deverá existir um aparelho de televisão;

d) Sala ou salas destinadas ao serviço de refeições ou restaurante ou restaurantes em número e capacidade correspondente, no mínimo, a 50% do número de camas do estabelecimento;

e) Bar ou bares que podem ser integrados nas zonas de estar desde que a área ou áreas que lhes são reservadas sejam destacadas das restantes partes;

f) Um ascensor, pelo menos, sempre que o estabelecimento tenha mais que um piso;

g) Todos os quartos com antecâmara e casa de banho privativa, com água quente e fria, antecâmara e dotados com telefone com ligação directa interna e externa, nacional e internacional, sempre que possível;

h) Instalação de som ou de rádio e televisão em todos os quartos;

i) Dispositivos de chamada do pessoal de serviço em todas as dependências destinadas aos hóspedes;

j) Quando o estabelecimento se situar fora dos centros urbanos, deverá dispor de instalações de recreio, para a prática de desportos, nomeadamente piscina com instalação para crianças e campos de jogos;

k) Ar condicionado em todas as zonas públicas e privadas destinadas aos hóspedes;

l) Garagem ou parque guardado de acordo com a capacidade e localização do estabelecimento.

2. Nestes estabelecimentos, os quartos serão dotados de casa de banho completa

120 | *Investimento Imobiliário e Turístico em Cabo Verde*

3. As "suites" se as houver, deverão dispor de casas de banho especiais.

4. Quando se tratar de estabelecimentos em praia, 30% dos quartos poderão dispor apenas de casa de banho simples e só é exigível ascensor quando o estabelecimento tiver mais de três pisos.

5. Quando o estabelecimento se situar dentro de povoação, a garagem ou parque previsto na alínea j) do n.º 1, deverão ter capacidade para aparcar o número de veículos correspondente a, pelo menos, 40% do número de quartos do estabelecimento.

6. Nestes estabelecimentos deverá ser posto à disposição dos hóspedes um serviço de telex e telecópia.

ARTIGO 68.º

Na zona de serviço deverá existir:

a) Entrada para bagagens, mercadorias e pessoal distinta da entrada dos clientes;

b) Depósito para bagagens;

c) Coluna de serviço;

d) Cozinha, copa, instalações complementares, com desenvolvimento conveniente;

e) Instalações frigorificas adequadas;

f) Zonas de armazenagem designadamente para víveres e bebidas, com áreas e compartimentos adequados;

g) Dependências para pessoal com separação de sexos, constituídas por vestiários e instalações sanitárias dotadas de chuveiros e retretes;

h) Salas de refeição para o pessoal, que poderão servir de salas de convívio fora das horas de refeição.

SECÇÃO IV
Dos hotéis de três estrelas

ARTIGO 69.º

Para um hotel ser classificado de três estrelas, deverá dispor de instalações, mobiliário e apetrechamento de bom nível, oferecendo boas condições de conforto e comodidade e obedecer, além disso, às características e requisitos mínimos constantes dos artigos seguintes e tabela anexa.

ARTIGO 70.º

1. Nas zonas destinadas a clientes deverá existir:

a) Átrio, no qual se situarão a portaria, recepção, vestiário e cabina telefónica;

b) Cofre destinado à guarda de valores dos hóspedes;

c) Salas ou zonas de estar organizadas de modo a assegurar convenientemente as funções a que se destinam, dotadas com aparelhos de televisão;

d) Sala ou salas destinadas ao serviço de refeições ou restaurante ou restaurantes em número e com capacidade correspondentes ao mínimo de 40% do número de camas do estabelecimento;

e) Bar que poderá estar integrado na zona de estar desde que a área que lhe é reservada seja perfeitamente definida;

f) Todos os quartos dotados de casa de banho privativa e telefone com ligação interna e externa, nacional e internacional, sempre que possível;

g) Dispositivos de chamadas de pessoal de serviço em todas as linhas públicas ou privadas destinadas aos hóspedes;

h) Um ascensor pelo menos sempre que o estabelecimento tenha mais de dois pisos;

j) Garagem ou parque guardado de acordo com a capacidade e localização do estabelecimento;

k) Instalação de som ou rádio em todos os quartos;

l) Ar condicionado ou sistema alternativo de refrigeração do ar em todas as zonas públicas ou privadas destinadas aos hóspedes;

2. Nestes estabelecimentos 60% dos quartos deverão dispor de casa de banho completa e os restantes de casa de banho simples.

3. As "suites", se as houver, devem dispor de casa de banho completa.

4. Quando o estabelecimento se situar em praia, os quartos poderão apenas dispor de casa de banho simples.

5. Quanto o estabelecimento se situar dentro de uma povoação a garagem ou parque previsto na alínea j) do número um, deverão ter capacidade para aparcar o número de veículos correspondente a pelo menos 30% do número de quartos do estabelecimento, salvo se for exigido número exigido superior por outras normas.

ARTIGO 71.º

Na zona de serviço deverá existir:

a) Entrada para bagagens, mercadorias e pessoal distinta da dos clientes;
b) Coluna de serviço;
c) Cozinha, copa e instalações complementares com desenvolvimento conveniente;
d) Zona de armazenagem para víveres e bebidas com áreas e compartimento adequados;
e) Instalações frigoríficas;
f) Dependências para o pessoal, com separação de sexos, constituídas por vestiários e instalações sanitárias dotadas de chuveiro e de retretes;
g) Salas de refeição para o pessoal.

SECÇÃO V
Dos hotéis de duas estrelas

ARTIGO 72.º

Para um hotel ser classificado de duas estrelas deverá possuir instalações, mobiliário e equipamento que permita oferecer condições bastantes de comodidade e conforto, obedecendo além disso, às características e requisitos mínimos constantes dos artigos seguintes e tabela anexa.

ARTIGO 73.º

Nas zonas destinadas aos hóspedes deverá existir:

a) Átrio, no qual se situarão a portaria, a recepção, vestiário e cabina telefónica;
b) Cofre para guarda de valores dos hóspedes;
c) Zona de estar;
d) Sala de refeições ou restaurante;
e) Bar;
f) Escada principal;
g) Todos os quartos com casa de banho privativa simples;

h) Telefone com ligação interna e à rede geral em todos os quartos;
i) Sistema de refrigeração de ar.

Artigo 74.º

1. Na zona de serviço deverá existir:

a) Coluna de serviço simplificada;
b) Cozinha, copa e instalações complementares com o desenvolvimento conveniente;
c) Despensas gerais para víveres e bebidas;
d) Instalações frigoríficas adequadas;
e) Dependências para o pessoal com separação de sexos, constituídas por vestiários e instalações sanitárias dotadas de chuveiros e retretes;
f) Sala de refeições para o pessoal.

Capítulo IV
Das pensões

Secção I
Dos Requisitos mínimos de classificação

Artigo 75.º

1. Pensões são os estabelecimentos hoteleiros que pelas suas instalações e equipamento, aspecto geral, localização e capacidade, não obedeçam às normas estabelecidas para a classificação como hotel, e satisfaçam aos requisitos constantes das disposições seguintes.
2. Para que um estabelecimento seja classificado como pensão, deverá ocupar a totalidade dum edifício ou fracção autónoma dele e ter, no mínimo, dez quartos.

Artigo 76.º

As pensões classificar-se-ão, atendendo às suas características e localização, bem com à qualidade das suas instalações e dos serviços que ofereçam nas categorias de quatro, três, duas e uma estrelas.

SECÇÃO II
Das pensões de quatro estrelas

ARTIGO 77.º

Para que um estabelecimento seja classificado como pensão de quatro estrelas deverá oferecer boas condições de conforto e comodidade, dispor de mobiliário e equipamentos de boa qualidade, e obedecer, além disso, aos requisitos mínimos estabelecidos nos artigos seguintes e tabela anexa.

ARTIGO 78.º

As pensões de quatro estrelas deverão dispor de:

a) Recepção – portaria;
b) Zona de estar;
c) Sala de refeições ou restaurante;
d) Todos os quartos com telefone com ligação à portaria;
e) Todos os quartos com casa de banho privativa simples com água quente e fria;
f) Cozinha, copa e despensa;
g) Zona de refeições, vestiário e instalações sanitárias com chuveiro para o pessoal;
h) Ar condicionado de refrigeração de ar em todas as zonas públicas e privadas de uso dos hóspedes.

SECÇÃO III
Das pensões de três estrelas

ARTIGO 79.º

Para uma pensão ser classificada de três estrelas deverá dispor de mobiliário e equipamentos de boa qualidade e satisfazer os requisitos mínimos constantes da tabela anexa e das alíneas seguintes:

a) Portaria com telefone;
b) Zona de estar;
c) Sala de refeições ou restaurante;
d) Quartos com água corrente, quente e fria, casa de banho simples, privativa e telefone ligado à portaria;

e) Cozinha, copa e despensa;

f) Ar condicionado ou sistema alternativo de refrigeração de ar nas zonas públicas e privadas de uso dos hóspedes;

g) Vestiário e instalações sanitárias com chuveiro para o pessoal.

Secção IV
Das pensões de duas estrelas

Artigo 80.º

1. Para uma pensão ser classificada de duas estrelas deverá dispor de mobiliário e equipamento de qualidade aceitável e satisfazer os requisitos da tabela anexa e artigos seguintes:

a) Portaria com telefone;

b) Zona de estar;

c) Sala de refeições ou restaurante;

d) Quartos com água corrente quente e fria;

e) Casa de banho simples em cada piso na proporção de um para seis quartos sem casa de banho privativa;

f) Sanitários independentes em cada piso na proporção de cada cinco quartos, sem retrete privativa;

g) Cozinha e despensa;

h) Vestiário e instalações sanitárias para o uso do pessoal, com chuveiro.

2. Nestes estabelecimentos as casas de banho ou os sanitários de cada piso poderão ser substituídos por instalações sanitárias comuns dotadas de cabines de chuveiro e retretes com total separação de sexos.

Secção V
Das pensões de uma estrela

Artigo 81.º

Para uma pensão ser classificada de uma estrela deverá dispor de mobiliário e equipamento simples, mas cómodo e satisfazer os requisitos mínimos constantes da tabela anexa e das alíneas seguintes:

a) Portaria com telefone;

126 | *Investimento Imobiliário e Turístico em Cabo Verde*

b) Sala de refeições;
c) Casas de banho simples em cada piso, na proporção de uma para 5 quartos sem casa de banho privativa;
d) Sanitários independentes em cada piso, na proporção de um para cada 5 quartos sem retrete privativa;
e) Cozinha e despensa;
f) Instalações sanitárias para o pessoal.

SECÇÃO VI
Dos estabelecimentos residenciais

ARTIGO 82.º

1. Os hotéis e pensões que ofereçam apenas alojamento e primeiro almoço serão classificados de residenciais.
2. Os estabelecimentos a que se refere o número anterior usarão obrigatoriamente na sua denominação o termo "residencial" e só eles o podem usar.
3. O termo "residencial" acrescerá à menção correspondente ao grupo e categoria.

ARTIGO 83.º

Os requisitos mínimos exigidos para os estabelecimentos residenciais serão os correspondentes à sua classificação, com as modificações derivadas da sua natureza e as constantes da tabela anexa.

ARTIGO 84.º

1. A estes estabelecimentos aplicar-se-á o disposto nas respectivas secções anteriores, com as seguintes modificações:

a) As salas de refeições, cozinhas e demais instalações complementares serão substituídas por instalações destinadas a prestar um serviço de pequenos almoços e respectiva preparação;
b) As zonas de serviço deverão estar preparadas para satisfazer o serviço de quartos, quando existir.

2. Poderão ser dispensadas as salas de refeições do pessoal, se o reduzido número de empregados as não justificar.

ARTIGO 85.º

1. Nos estabelecimentos residenciais poderão ser instalados restaurantes, desde que funcionem com autonomia e tenham também porta directa para a rua ou para a zona comercial do estabelecimento, se existir.

2. Neste caso, os serviços de restaurante serão facturados independentemente dos serviços próprios do estabelecimento.

3. Sempre que se verifique a hipótese prevista no n.º 1 deste artigo, os serviços de pequenos almoços poderão ser prestados no restaurante, não sendo exigível, neste caso, a existência das instalações previstas na alínea a) do n.º 1 do artigo anterior.

CAPÍTULO V

SECÇÃO I
Das pousadas

ARTIGO 86.º

1. Pousadas são estabelecimentos hoteleiros situados fora dos centros urbanos em edifício próprio, oferecendo boas condições de conforto e comodidade, destinados a fornecer aos turistas alojamento e, se necessário, alimentação.

2. As pousadas devem integrar-se tanto quanto possível, nas características da respectiva região, designadamente pela sua arquitectura, estilo do mobiliário e serviço.

3. O Instituto Nacional do Turismo poderá dispensar, nas instalações das pousadas, alguns dos requisitos mínimos a qual se refere o presente capítulo, quando se trate de aproveitamento de edifícios de interesse histórico ou arquitectónico e a sua observância se mostrar tão onerosa que seja de modo a inviabilizar o projecto ou afectar as características próprias do edifício.

128 | *Investimento Imobiliário e Turístico em Cabo Verde*

SUBSECÇÃO II

Das pousadas de 4 estrelas

ARTIGO 87.º

Para uma pousada ser classificada de quatro estrelas deverá satisfazer aos requisitos mínimos constantes da tabela anexa e das alíneas seguintes:

a) Recepção-portaria com telefone;
b) Zona de estar com televisão;
c) Sala de refeições;
d) Bar, que poderá estar integrado na zona de estar;
e) Todos os quartos com telefone interno e ligado à rede exterior;
f) Ar condicionado ou solução alternativa em todas as zonas públicas e privadas destinadas a hóspedes;
g) Coluna de serviço simplificada;
h) Cozinha, copa e despensa;
i) Zona de refeições, vestiário e instalações sanitárias com chuveiro para o pessoal;
j) Garagem ou parque guardado com capacidade para um automóvel por cada quarto de hóspedes.

2. Todos os quartos deverão ter casa de banho privativa sendo 25% com casa de banho completa e os restantes com casa de banho simples.

SUBSECÇÃO III

Das pousadas de três estrelas

ARTIGO 88.º

Para uma pousada ser classificada de três estrelas deverá satisfazer aos requisitos constantes da tabela anexa e das alíneas seguintes:

a) Recepção-portaria com telefone;
b) Zona de estar com televisão;
c) Sala de refeições;
d) Bar, que poderá estar integrado na zona de estar;
e) Todos os quartos com telefone interno e ligado à rede exterior;

f) Ar condicionado ou solução alternativa em todas as zonas públicas e privadas destinadas a hóspedes;

g) Coluna de serviço simplificada;

h) Cozinha, copa e despensa;

i) Zona de refeições, vestiário e instalações sanitárias com chuveiro para o pessoal;

j) Garagem ou parque guardado com capacidade para um automóvel por cada quarto de hóspedes.

2. Todos os quartos deverão ter casa de banho privativa sendo 25% com casa de banho completa e os restantes com casa de banho simples.

Capítulo VI
Dos hotéis-apartamentos

Artigo 89.º

1. Hoteis-apartamentos são os estabelecimentos constituídos por um conjunto de apartamentos mobilados e independentes, instalados em edifício próprio e explorados em regime hoteleiro.

2. Para este efeito, considerar-se-á exploração e regime hoteleiro a locação dos apartamentos dia a dia ou por períodos até um mês, acompanhada, pelo menos, de prestação de serviço de limpeza.

Artigo 90.º

1. Os hotéis-apartamentos classificar-se-ão, de acordo com as suas características e localização, bem como a qualidade das suas instalações e dos serviços que oferecem, nas categorias de quatro, três e duas estrelas.

2. Para um estabelecimento ser classificado de hotel-apartamento deverá obedecer ainda aos requisitos mínimos constantes deste capítulo e da tabela anexa.

Artigo 91.º

1. Os apartamentos devem ser constituídos, no mínimo, pelas seguintes divisões: quarto de dormir, sala comum, casa de banho e pequena cozinha (kitchnette).

2. Deverão ainda estar dotados com mobiliário completo, louças, vidros, talheres, roupas de cama e banho, toalhas de mesa e guardanapos, panos de cozinha e demais utensílios de cozinha e limpeza em quantidade e qualidade adequadas à capacidade e categoria do estabelecimento.

Artigo 92.º

1. A capacidade de alojamento dos apartamentos será determinada pelo número de camas existentes nos quartos de dormir e pelo de camas convertíveis.

2. O número de lugares das camas convertíveis não poderá exceder 50% dos correspondentes aos quartos.

3. As camas convertíveis só poderão ser instaladas nos quartos de dormir ou nas salas comuns.

4. Para efeitos do disposto no número anterior considera-se quarto de dormir a divisão exclusivamente destinada a esse fim.

5. Nos quartos de dormir poderá instalar-se o número de camas individuais proporcional a sua área, devendo corresponder a cada cama individual a área mínima de 5m2.

6. Quando as camas forem em beliche, a área correspondente a cada uma delas será reduzida a 4m2.

7. Só as camas individuais poderão ser instaladas em sistema de beliche, que não poderá ter mais de duas camas.

Artigo 93.º

1. A sala comum, que funcionará como sala de refeições, deverá estar dotada de mobiliário adequado à sua finalidade.

2. Sem prejuízo do disposto na tabela anexa, a sala comum deverá ter uma área proporcional à capacidade do apartamento.

3. A sala deverá ter janela ou sacada, dando directamente para o exterior, não podendo a área desta abertura ser inferior a 2m2.

4. As janelas ou sacadas deverão ser dotadas de um sistema que permita impedir totalmente a entrada da luz.

Artigo 94.º

1. A cozinha deverá estar equipada com frigorífico e fogão eléctrico ou a gás com, pelo menos, duas bocas, lava-louças e armários para víveres e utensílios.

2. A cozinha poderá ser instalada na sala comum se estiver equipada com um dispositivo para absorver os fumos e os cheiros e a configuração e a amplitude da sala permitirem a sua localização adequada.

3. No caso previsto no número anterior, na cozinha só poderá ser utilizado material eléctrico.

4. Em qualquer caso, a cozinha deverá dispor de ventilação directa ou artificial.

Artigo 95.º

Nos apartamentos de um ou dois lugares, o quarto de dormir, a sala comum e a cozinha poderão estar integrados numa só divisão desde que a conformação e amplitude desta, e as características do mobiliário o permitam.

Artigo 96.º

1. Todos os apartamentos deverão dispor, para utilização dos clientes e sem limitação de consumo, de:

a) Água corrente, potável, tanto na cozinha como nas instalações sanitárias;

b) Luz eléctrica em todas as divisões, com pontos de luz e tomadas de corrente, com indicação da voltagem;

c) Combustível necessário para a cozinha e esquentador, se a solução adoptada no estabelecimento o exigir.

2. Os apartamentos deverão ainda dispor de um sistema de eliminação de lixos ou, quando o não houver, deverá ser assegurada a sua recolha diária.

Artigo 97.º

1. Nos hotéis-apartamentos deverá sempre existir:

a) Recepção-portaria com telefone e caixas de correio;

b) Restaurante;

132 | *Investimento Imobiliário e Turístico em Cabo Verde*

2. Quando o estabelecimento for constituído por vários blocos de apartamentos, a recepção poderá ser comum a todos eles, devendo, porém, existir uma portaria em cada um.

ARTIGO 98.º

1. O restaurante constituirá um serviço complementar, independente do alojamento, não podendo ser incluído no preço deste.

2. O Instituto Nacional de Turismo poderá dispensar a existência do restaurante quando, pela integração do hotel-apartamento num centro urbano ou turístico, aquele não se justificar.

ARTIGO 99.º

Nos hotéis-apartamentos, deverão existir dependências para o pessoal, com separação de sexos, constituídas por vestiários e instalações dotadas de chuveiros e retretes.

SECÇÃO II
Dos hotéis-apartamentos de quatro estrelas

ARTIGO 100.º

1. Para um hotel-apartamento ser classificado de quatro estrelas deverá estar instalado em edifício de boa localização e aspecto exterior, com mobiliário e decoração de bom nível e equipamento e utensilagem de muito boa qualidade.

2. Deverá ainda obedecer aos requisitos mínimos constantes da tabela anexa e dispor do seguinte:

a) Ascensor e monta-cargas, se o edifício tiver três pisos ou mais;
b) Ar condicionado;
c) Telefone com ligação à rede exterior em todos os apartamentos;
d) Casa de banho completa em cada apartamento;
e) Televisão e instalação de som ou rádio;
f) Piscina.

3. Quando os apartamentos tiverem capacidade superior a quatro lugares deverão possuir, pelo menos, mais uma casa de banho simples, por cada 4 lugares.

ARTIGO 101.º

Nestes estabelecimentos as áreas mínimas dos quartos de dormir correspondentes às camas a instalar, são os seguintes:

a) Para cada cama individual, 7 m^2;
b) Para cada cama de casal, 17m^2;
c) Para cada beliche, 5m^2.

SECÇÃO III
Dos hotéis-apartamentos de três estrelas

ARTIGO 102.º

1. Para um hotel apartamento ser classificado de três estrelas deverá estar instalado em edifício de boa construção, com mobiliário confortável e decoração de bom nível e equipamento e utensilagem de boa qualidade.

2. Deverá obedecer aos requisitos mínimos constantes da tabela anexa e alíneas seguintes:

a) Ascensor e monta-cargas, se o edifício tiver mais de três pisos;
b) Casa de banho simples em cada apartamento;
c) Telefone em cada apartamento ligado à portaria;

3. Quando os apartamentos tiverem capacidade superior a quatro lugares, deverão possuir, pelo menos, mais um chuveiro e se tiverem mais de 6 lugares, pelo menos, mais uma casa de banho simples por cada quatro lugares, sendo dispensado o chuveiro.

SECÇÃO IV
Dos hotéis-apartamentos de duas estrelas

ARTIGO 103.º

1. Para um hotel-apartamento ser classificado de duas estrelas deverá estar instalado num edifício em boas condições de conservação, com mobiliário equipamento e utensilagem, de nível aceitável.

2. Deverá ainda obedecer aos requisitos mínimos constantes da tabela anexa e alíneas seguintes:

a) Casa de banho simples em cada apartamento;
b) Telefone em cada piso, ligado à portaria.

3. Quando os apartamentos tiverem capacidade superior a seis lugares, deverão possuir mais de um chuveiro, aplicando-se o disposto no n.º 3 do artigo anterior, com as necessárias adaptações.

Capítulo VII
Dos aldeamentos turísticos

Secção I
Dos requisitos comuns e classificação

Artigo 104.º
1. São classificados como aldeamentos turísticos os estabelecimentos constituídos por um conjunto de instalações interdependentes e contíguas, objecto de uma exploração turística integrada que se destinem, mediante remuneração, a proporcionar aos seus utilizadores alojamento, acompanhado de serviços acessórios e com equipamento complementar e de apoio.

2. Os aldeamentos turísticos constituem conjuntos urbanísticos que não podem apresentar soluções de continuidade e cujos limites têm de ser perfeitamente definidos aquando da aprovação da sua localização, não podendo ser alterados sem prévia autorização do Instituto Nacional do Turismo.

3. Todo o terreno afecto ao aldeamento deverá ser devidamente delimitado com meios naturais ou artificiais, por forma a autonomizar o conjunto e a assegurar a privacidade do estabelecimento.

Artigo 105.º
1. Os aldeamentos turísticos classificar-se-ão de acordo com as suas características e localização, bem como com a qualidade das suas instalações e dos serviços que ofereçam nas categorias de luxo, 1.ª e 2.ª.

2. Para um estabelecimento ser classificado de aldeamento turístico deverá estar situado em local que permita o exercício de actividades e a prática de desporto ao ar livre e obedecer aos requisitos mínimos constantes deste regulamento e tabela anexa.

Licenciamento de Estabelecimentos Hoteleiros | 135

3. Sem prejuízo da observância dos requisitos mínimos de cada categoria, na classificação dos aldeamentos deverá tomar-se em conta a ponderação racional e equilibrada dos seguintes factores essenciais:

a) Localização;
b) Índice exprimindo a relação entre a área urbanizada e a capacidade;
c) Nível de serviço de alojamento;
d) Diversidade, suficiência e adequação do equipamento complementar e de apoio, no qual se incluem designadamente, o desportivo e de animação, o infantil, o comercial e os estabelecimentos similares dos hoteleiros.

ARTIGO 106.º

1. Os aldeamentos turísticos serão dotados de uma rede de infra-estruturas urbanísticas e de infra-estruturas e serviços de carácter turístico.
2. As infra-estruturas urbanísticas serão definidas de acordo com o disposto na Lei-Geral sobre Construções Urbanas e no presente regulamento.
3. As infra-estruturas e serviços de exploração turística correspondem aqueles que são postos à disposição dos clientes e dos proprietários do empreendimento pela entidade exploradora, mediante retribuição.
4. São infra-estruturas e serviços de utilização turística os que não sendo qualificáveis como serviços públicos, são postos gratuitamente à disposição dos clientes e dos proprietários do empreendimento sendo as despesas de manutenção e conservação encargo comum de todos os proprietários do empreendimento.

ARTIGO 107.º

1. Para efeitos do disposto no artigo anterior, consideram-se infra-estruturas urbanísticas, as seguintes:

a) Redes gerais de abastecimento de águas, esgotos e electricidade quando não forem exclusivas do empreendimento;
b) Redes gerais de drenagem, de esgotos e respectivas estações de tratamento de bombagem de águas e esgotos, quando não forem exclusivas do empreendimento;
c) Postos de transformação públicos;
d) Arruamentos principais de acesso ao aldeamento e de passagem, se forem públicos.

136 | *Investimento Imobiliário e Turístico em Cabo Verde*

ARTIGO 108.º

1. De acordo com o disposto no artigo 106 são infra-estruturas e serviços de utilização turística os seguintes:

a) A recepção e portaria;
b) Jardins e parques de utilização comuns;
c) Parque de estacionamento;
d) Piscina;
e) Parque infantil;
f) Instalações sanitárias comuns;
g) Serviço de recolha de lixos;
h) Serviço de conservação, manutenção e limpeza das infra-estruturas de utilização turística;
i) Serviço de segurança e vigilância;
j) Redes internas de fornecimento de água, gás e electricidade e respectiva ligação às redes gerais;
k) Redes internas de esgotos e ligação às redes gerais, bem como as estações de tratamento de esgotos e bombagem de água e esgotos quando não fizerem parte das infra-estruturas urbanísticas;
l) Instalações de serviço de incêndio privativo do aldeamento;
m) Postos de transformação privativos do aldeamento.

2. Das infra-estruturas e serviços previstos nas alíneas a) a f) do número anterior só serão consideradas de utilização turística as que se destinam a dar satisfação aos requisitos exigidos para a categoria do aldeamento, de acordo com o projecto aprovado.
3. Salvo acordo expresso em contrário de todos os proprietários do empreendimento, não podem ser consideradas infra-estruturas ou serviços de utilização turística as que não estejam incluídas no referido número anterior e aquelas para cuja utilização seja exigido o pagamento de qualquer retribuição.
4. As infra-estruturas e serviços de utilização turística e respectivos equipamentos são considerados comuns, não podendo o acesso aos mesmos e a sua utilização ser objecto de quaisquer condicionamentos, para além dos que resultarem do direito de utilização de todos os utentes do aldeamento.
5. As infra-estruturas, serviços e equipamentos referidos no artigo anterior não podem, em caso algum, ser afectados à utilização exclusiva de qualquer ou quaisquer utentes nem subtraídas à exploração por qualquer forma.

Licenciamento de Estabelecimentos Hoteleiros | 137

6. O disposto no número anterior não impede a mudança da sua localização ou substituição por outros com características e qualidades semelhantes, desde que, por esse facto, os utentes não sejam privados deles, mesmo que transitoriamente.

ARTIGO 109.º

1. De acordo com o estabelecido no artigo 106.º, são infra-estruturas e serviços de exploração turística, pelo menos os seguintes:
   a) Restaurantes;
   b) Bares;
   c) Estabelecimentos comerciais;
   d) Serviço de lavandaria;
   e) Serviço de limpeza das unidades de alojamento;
   f) Serviço de transporte dos clientes de e para o exterior do aldeamento;
   g) Equipamentos de animação e desportivos.

2. Os equipamentos previstos na alínea g) do número anterior, quando não sejam considerados infra-estruturas de exploração turística devem estar perfeitamente individualizados por forma que o seu acesso não seja livre e devem ser dispostos em local ou locais bem visíveis, avisos escritos, em pelo menos, português, francês, inglês, que a sua utilização não é livre e está sujeita ao pagamento da retribuição indicada nesses avisos.

3. As infra-estruturas e serviços de exploração turística deverão estar dotados de instrumentos que permitam conhecer os respectivos gastos de água, gás e electricidade.

ARTIGO 110.º

1. Os aldeamentos turísticos deverão dispor, no mínimo, de 150 camas afectas à exploração turística, não podendo, ultrapassar no total as 1000, sem contar com as convertíveis.

2. Em qualquer caso, o número de camas deve estar integralmente afecto à exploração turística.

138 | *Investimento Imobiliário e Turístico em Cabo Verde*

ARTIGO 111.º

Nos aldeamentos deverá existir sempre:

a) Recepção-portaria;

b) Restaurante ou restaurantes;

c) Estabelecimento comercial para abastecimento dos clientes em víveres e bebidas;

d) Parqueamento privativo adequado à capacidade, características e localização do aldeamento.

ARTIGO 112.º

1. A recepção-portaria destinada aos clientes e proprietários, deverá estar situada na entrada do aldeamento.

2. Sempre que o aldeamento tenha mais de uma entrada para serviço dos seus utentes, a recepção-portaria deverá estar situada na principal, devendo, neste caso, existir uma portaria em cada uma das outras.

3. Na recepção-portaria deverá existir:

a) Telefone instalado em cabina própria ligado à rede exterior para o uso dos clientes;

b) Cofre destinado à guarda de valores dos clientes;

c) Caixa de primeiros socorros;

d) Caixa para correio;

4. Sempre que possível na recepção-portaria deverá existir uma cabina de telefone pública.

ARTIGO 113.º

1. Os restaurantes a que se refere a alínea b) do artigo 111.º podem assumir qualquer das formas legalmente previstas e a sua capacidade global deverá ser calculada em função da do aldeamento, não podendo, em caso algum ser inferior a 10% do n.º de camas no conjunto.

2. O Instituto Nacional do Turismo poderá dispensar a existência de restaurantes quando, pela proximidade de um aldeamento de um centro urbano ou pelas suas características, não se justifique a sua necessidade.

Artigo 114.º

1. O parque ou parques de estacionamento privativos deverão ter capacidade para permitir o estacionamento de um veículo por cada unidade de alojamento ou apartamento.

2. Não podem ser consideradas áreas de estacionamento as ruas ou acessos no interior do aldeamento.

Artigo 115.º

1. Os edifícios integram um aldeamento turístico não devem exceder o nível de dois pisos acima do solo.

2. Excepcionalmente poder-se-á admitir a existência de edifícios com três pisos acima do solo, desde que a configuração do terreno permita a sua implantação equilibrada relativamente ao meio-ambiente.

Artigo 116.º

1. Todas as unidades de alojamento que compõem o aldeamento além de constituírem unidades independentes devem ser distintas entre si, com saída própria do exterior ou por uma parte comum do edifício em que se integram.

2. Todas as unidades de alojamento deverão estar dotadas com mobiliário e equipamento que permitam a sua utilização imediata pelos clientes.

3. Estas unidades deverão ainda dispor, para a utilização dos clientes, de:

    a) Água corrente, potável, tanto na cozinha como nas instalações sanitárias;

    b) Luz eléctrica em todas as divisões com pontos de luz e tomadas de corrente com a indicação de voltagem;

    c) Combustível necessário à cozinha e esquentador se as soluções adoptadas o exigirem;

    d) Sistemas de eliminação de lixos, senão estiver assegurado um serviço de recolha diária.

4. Todas as unidades de alojamento devem estar equipadas com um sistema de climatização adequado.

Artigo 117.º

1. Cada unidade de alojamento será constituída, no mínimo, pelas seguintes divisões ou zonas: quarto de dormir, sala comum, pequena cozinha (kitchennette) e casa de banho, sendo esta última sempre uma divisão autónoma.

2. Nas unidades de alojamento de um ou dois lugares, designadamente estúdios, a zona de dormir, a sala comum e a cozinha poderão estar integradas numa só divisão, desde que a conformação e amplitude desta e as características do mobiliário o permitam.

3. As unidades de alojamento poderão não dispor de cozinha, desde que o aldeamento esteja dotado de restaurante com dimensão e serviço adequados à sua capacidade.

Artigo 118.º

1. Considera-se quarto de dormir a divisão ou zona exclusivamente destina a esse fim.

2. Nos quartos de dormir só poderá instalar-se o número de camas proporcional à sua área.

3. Só as camas individuais poderão ser instaladas em sistema de beliche, que não poderá ter mais de duas camas.

Artigo 119.º

1. A sala comum deverá estar dotada de:

a) Mobiliário adequado às suas funções de sala comum e de refeições;

b) Janela ou sacada dando directamente para o exterior;

c) De um sistema que permita impedir totalmente a entrada da luz.

2. A área da janela ou sacada não poderá ser inferior a 2 m^2 para a sala comum.

Artigo 120.º

1. A cozinha deverá estar sempre equipada com frigorifico, fogão, lava-loiças e armários para víveres e utensílios.

Licenciamento de Estabelecimentos Hoteleiros | 141

2. A cozinha poderá ser instalada na sala comum, se estiver equipada com um dispositivo para absorver fumos e cheiros e a conformação e amplitude da sala permitirem a sua localização adequada.

3. No caso previsto no número anterior, na cozinha só poderá ser utilizado material eléctrico.

4. Em qualquer caso, a cozinha deverá dispor de ventilação directa ou artificial.

ARTIGO 121.º

1. A capacidade de alojamento de cada unidade será determinada pelo número de camas existentes nos quartos de dormir e pelas camas convertíveis instaladas noutras divisões ou zonas.

2. O número de lugares de camas convertíveis não poderão exceder 50% das correspondentes aos quartos sem prejuízo do número seguinte.

3. No caso de a unidade dispor apenas de um quarto e sala comum, o número de lugares das camas convertíveis poderá ser igual ao do quarto.

ARTIGO 122.º

1. Os aldeamentos turísticos deverão estar sempre dotados de:

a) Piscina, com instalação para crianças;

b) Parque infantil;

c) Campo de jogos;

d) Instalações sanitárias comuns, constituídas, pelo menos, por sanitários junto da recepção-portaria, parques infantis, campo de jogos e equipamentos de animação.

2. A capacidade, o tipo, o n.º de unidade de alojamento e as características das infra-estruturas referidas no n.º anterior deverão estar em conformidade com a localização, categoria e capacidade do aldeamento, bem como da tabela anexa.

Secção II
Dos aldeamentos turísticos de luxo

Artigo 123.º

1. Para um aldeamento ser classificado de luxo deverá satisfazer ainda os seguintes requisitos mínimos:

a) Localização adequada, designadamente no que respeita à inserção no meio ambiente;

b) Índice de 170 m² a 180 m² por pessoa na relação área urbanizada/ /capacidade;

c) Qualidade das soluções arquitectónicas de integração dos edifícios e demais equipamento no meio natural;

d) Boa qualidade da construção e acabamentos dos edifícios;

e) Bom nível geral do equipamento, mobiliário e decoração, de modo a proporcionar aos utentes elevado grau de comodidade e conforto;

f) Equipamento desportivo e de animação em relação com a localização, capacidade e características do aldeamento, incluindo sempre piscina, campo de ténis e sauna;

g) Equipamento infantil incluindo, no mínimo, parque de jogos e piscina;

h) Equipamento comercial destinado para satisfazer as necessidades inerentes a uma clientela turística, tais como tabacaria, lojas de artesanato e "boutiques";

i) Restaurante ou restaurantes de 1.ª, com capacidade total correspondente a pelo menos 20% do número de camas;

j) Bar de 1.ª, que poderá ser substituído por uma zona distinta de bar integrada no restaurante.

2. O Instituto Nacional do Turismo poderá autorizar a substituição do equipamento obrigatório prevista nas alíneas f) e g) do n.º anterior por outro que se mostre mais adequado em função da localização e das características do aldeamento.

Artigo 124.º

1. Nos aldeamentos de luxo as unidades de alojamento deverão satisfazer além dos requisitos comuns, mais os seguintes:

a) Telefone com possibilidade de ligação à recepção-portaria e à rede geral;
b) Casa de banho completa;
c) Televisão e instalação de som ou rádio.

2. Quando as unidades tiverem capacidade superior a 4 lugares deverão possuir mais de uma casa de banho simples por cada 4 lugares ou fracção.

3. As áreas mínimas dos quartos de dormir, sem prejuízo do disposto na tabela anexa, são os seguintes:

a) Por cada cama individual 6,5 m^2;
b) Por cada cama de casal 14 m^2;
c) Por cada beliche 5 m^2.

4. A sala comum terá uma superfície de 3,5 m^2 por cada lugar, não podendo em qualquer caso, ter uma área inferior a 16 m^2.

Secção III
Dos aldeamentos turísticos de 1.ª

Artigo 125.º

1. Para um aldeamento ser classificado de 1.ª deverá satisfazer os seguintes requisitos mínimos:

a) Índice de 140 m^2 a 150 m^2, por pessoa, em relação à área de urbanização/capacidade;
b) Adequada localização e integração dos edifícios e demais equipamento, no meio natural;
c) Boa qualidade de construção e acabamento dos edifícios;
d) Bom nível geral de equipamento e mobiliário e decoração de modo a fornecer um ambiente confortável;
e) Equipamento desportivo e de animação e em relação com a localização, capacidade e característica do aldeamento, incluindo sempre piscina e campo de ténis;

144 | *Investimento Imobiliário e Turístico em Cabo Verde*

f) Equipamento comercial para venda de artigos de tabacaria e artesanato;

g) Restaurante ou restaurantes de 2.ª com zona de bar.

2. É aplicável relativamente ao equipamento obrigatório previsto na
alínea e) do número anterior, o disposto no n.º 2 do artigo 123.º.

ARTIGO 126.º

1. Nos aldeamentos turísticos de 1.ª, as unidades de alojamento além
de satisfazer os requisitos mínimos comuns, deverão dispor de casa de
banho completa e telefone ligado à recepção.

2. Quando as unidades tiverem capacidade superior a seis lugares,
deverão possuir mais uma casa de banho simples.

3. As áreas mínimas dos quartos de dormir, sem prejuízo da tabela
anexa, são as seguintes:

a) Por cada cama indivual, 6 m^2;

b) Por cada cama de casal, 12 m^2;

c) Por cada beliche, 4,5 m^2;

4. A sala comum terá uma superfície de 2,5 m2 por cada lugar, não
podendo em qualquer caso, ter uma área inferior a 12 m^2.

SECÇÃO IV
Dos aldeamentos turísticos de 2.ª

ARTIGO 127.º

1. Para um aldeamento ser classificado de 2.ª deverá além dos requisitos comuns, satisfazer aos seguintes requisitos mínimos:

a) Índice de 110 m^2 a 120 m^2 por pessoa em relação á área urbani-
zada/capacidade;

b) Soluções arquitectónicas de implementação dos edifícios e equipamento de harmonia com o meio natural;

c) Equipamento, mobiliário e decoração que permitam oferecer condições bastantes de conforto e comodidade;

d) Equipamento desportivo e de animação, incluindo no mínimo
piscina e campo de jogos;

e) Restaurante ou restaurantes de 2.ª.

2. É aplicável relativamente ao equipamento obrigatório previsto na alínea d) do artigo anterior o disposto no n.º 2 do artigo 123.º.

ARTIGO 128.º

1. Nos aldeamentos de 2.ª, as unidades de alojamento, além de satisfazerem aos requisitos comuns, deverão dispor de casa de banho completa.

2. Quando as unidades tiverem capacidade superior a 6 lugares deverão possuir mais um chuveiro e retrete.

3. As áreas mínimas dos quartos de dormir sem prejuízo do disposto na tabela anexa são os seguintes:

a) Por cada cama individual, 6 m^2;

b) Por cada cama de casal, 12 m^2;

c) Por cada beliche, 4 m^2;

4. A sala comum terá uma superfície de 2,5 m^2, por cada lugar, não podendo, em qualquer caso, ser inferior a 11 m^2.

Capítulo VIII
Do serviço nos estabelecimentos hoteleiros

Secção I
Disposições comuns

ARTIGO 129.º

O nível e a qualidade do serviço nos estabelecimentos hoteleiros devem estar de harmonia com a classificação do estabelecimento.

ARTIGO 130.º

1. A recepção e a portaria, devem situar-se no andar da entrada do estabelecimento, constituirão o centro da relação com os clientes, para efeitos administrativos, de assistência e de informação.

2. A recepção e a portaria, competem entre outras, as seguintes funções:

a) Receber e dar assistência aos clientes;

b) Proceder às reservas de alojamento;

c) Encarregar-se do movimento de entradas e saídas dos hóspedes;

d) Atender às reclamações;

146 | *Investimento Imobiliário e Turístico em Cabo Verde*

e) Emitir facturas e receber as respectivas importâncias;

f) Receber, guardar e entregar aos hóspedes a correspondência, bem como os objectos que lhes sejam destinados;

g) Anotar, dar conhecimento aos hóspedes logo que possível, das chamadas telefónicas e mensagens que forem recebidas durante a sua ausência;

h) Cuidar da recepção e entrega das bagagens;

i) Guardar as chaves dos quartos ou apartamentos;

j) Encarregar-se do serviço de despertar.

3. O serviço de recepção e portaria deve funcionar permanentemente durante as 24 horas do dia.

ARTIGO 131.º

1. Os quartos e apartamentos devem estar preparados e limpos no momento de serem ocupados pelos clientes.

2. Nos hotéis de 5 e 4 estrelas, os quartos serão de novo arrumados ao fim da tarde e preparados para a noite.

3. Nestes estabelecimentos, as roupas das camas e as toalhas serão substituídas diariamente.

4. Nos demais estabelecimentos as roupas das camas e as toalhas deverão ser substituídas sempre que o hóspede mude e em qualquer caso, pelo menos 2 vezes por semana.

5. Nos hotéis-apartamentos as roupas de mesa e de cozinha deverão ser mudadas pelo menos duas vezes por semana.

ARTIGO 132.º

1. A composição e qualidade das refeições deverão estar de harmonia com a classificação do estabelecimento.

2. Na preparação dos pratos deverão utilizar-se produtos em perfeito estado de conservação, devendo a apresentação ser cuidada e estar de acordo com a classificação do estabelecimento.

ARTIGO 133.º

1. Nos estabelecimentos de 5, 4 e 3 estrelas, que devam prestar serviço de primeiros almoços, haverá, pelo menos, duas variedades à escolha do cliente.

2. Os primeiros almoços deverão ser servidos no quarto quando o cliente o solicitar, sem que por isso possa haver lugar a qualquer encargo suplementar.

ARTIGO 134.º

O serviço de refeições terá lugar dentro do horário marcado pela direcção do estabelecimento, devendo compreender para cada uma delas um período mínimo de 2h30m.

ARTIGO 135.º

1. Em todos os estabelecimentos prestar-se-á gratuitamente, um serviço de depósito de dinheiro, jóias, ou objectos de valor que para esse efeito, sejam entregues contra recibo, pelos hóspedes.

2. O hoteleiro deverá dar conhecimento ao hóspede por forma inequívoca e que a empresa não se responsabiliza pelo dinheiro, jóias e objectos de valor que não sejam depositados pela forma estabelecida no número anterior.

ARTIGO 136.º

1. Os estabelecimentos deverão estar sempre habilitados a prestar um serviço de lavandaria e engomadaria.

2. Esses serviços poderão ser contratados com uma empresa especializada, embora quando se destinem aos hóspedes, o estabelecimento seja responsável pela sua correcta prestação e, especialmente, pela entrega das roupas no prazo de 48h ou 24h no caso de serviço urgente.

ARTIGO 137.º

1. Todo o pessoal de serviço vestirá uniforme adequado ao serviço que presta, devendo apresentar-se sempre com a máxima correcção e limpeza.

2. O pessoal encarregado da preparação dos alimentos deverá ainda cobrir-se segundo a maneira tradicional.

3. Todo o pessoal deverá atender a clientela com o máximo de cortesia e diligência.

148 | *Investimento Imobiliário e Turístico em Cabo Verde*

SECÇÃO II
Do serviço nos hoteis de 5 e 4 estrelas

ARTIGO 138.º

A recepção e a portaria serão dotadas de pessoal habilitado e diferenciado por cada um dos serviços.

ARTIGO 139.º

1. A limpeza e arrumação dos quartos estarão a cargo de governantes de andar, com auxílio de pessoal próprio em número proporcional à capacidade dos estabelecimentos.

2. O serviço de refeições e bebidas nos quartos estará a cargo do chefe de mesa, auxiliado pelo pessoal necessário à boa execução do serviço.

3. Durante a noite deverá existir um serviço permanente encarregado de atender as chamadas dos clientes, e bem assim, de lhes servir nos quartos águas minerais ou quaisquer outras bebidas de preparação imediata e pequenas refeições.

ARTIGO 140.º

1. Nestes estabelecimentos haverá à disposição dos clientes uma grande variedade de pratos, incluindo cozinha internacional e cozinha cabo verdiana.

2. Em todo o caso, o estabelecimento deverá permitir aos clientes escolher, entre pelo menos, três variedades de sopas ou acepipes e de peixes, carne, fruta, doce e queijo.

3. O estabelecimento deverá ainda dispor de uma carta de vinhos de grande variedade de marcas de reconhecido prestígio.

ARTIGO 141.º

1. O serviço de refeições será dirigido por um chefe de mesa, assistido pelo pessoal necessário, tendo em atenção a capacidade do estabelecimento.

2. O serviço de vinhos estará a cargo de um chefe de vinhos.

3. Nestes estabelecimentos as refeições serão servidas usando uma mesa auxiliar.

ARTIGO 142.º

O serviço telefónico, de telex e telefax estará permanentemente preparado por pessoal habilitado e suficiente para ser executado com rapidez e eficiência.

ARTIGO 143.º

1. Os chefes de recepção da portaria, e as telefonistas deverão falar para além do português, o francês e o inglês.

2. Nos hotéis de 5 estrelas os chefes de mesa e de vinhos deverão falar para além do português, o francês e o inglês.

3. Nos hotéis de 4 estrelas os chefes de mesa e de vinhos deverão falar para além do português, o francês e o inglês.

SECÇÃO III
Do serviço nos hotéis de três estrelas

ARTIGO 144.º

É aplicável a estes estabelecimentos o disposto na secção anterior, com as modificações constantes dos artigos seguintes.

ARTIGO 145.º

O serviço de recepção-portaria será dotado de pessoal habilitado.

ARTIGO 146.º

1. O serviço de refeições e bebidas nos quartos quando não haja pessoal especialmente destinado para o efeito, poderá ser prestado pelo pessoal da sala de refeições.

2. Durante a noite o serviço dos quartos poderá ser assegurado apenas por um empregado.

ARTIGO 147.º

1. Nestes estabelecimentos a ementa deverá permitir ao cliente a escolha entre, pelo menos duas variedades de sopas ou acepipes e de peixe, carne, fruta, doce e queijo.

150 | *Investimento Imobiliário e Turístico em Cabo Verde*

2. A carta de vinhos será variada, incluindo marcas de reconhecido prestígio.

Artigo 148.º

Os chefes da recepção, da portaria e de mesa deverão falar para além do português, o francês ou o inglês.

Secção IV
Do serviço nos hotéis de duas estrelas

Artigo 149.º

O serviço de recepção-portaria será dotado de pessoal habilitado.

Artigo 150.º

1. A limpeza e arrumação dos quartos estarão a cargo de governantes de andar, com o auxílio de pessoal próprio, no número proporcionado à capacidade do estabelecimento.

2. O serviço de refeições e bebidas nos quartos deverá ser assegurado.

3. Durante a noite o serviço de quartos será assegurado apenas por um empregado.

Artigo 151.º

1. Nestes estabelecimentos o serviço de refeições será assegurado por um chefe de mesa, auxiliado pelo pessoal necessário.

2. A ementa deverá permitir ao cliente a escolha de entre, pelo menos, duas variedades de sopas ou acepipes e de peixe, carne, fruta, doce, ou queijo.

Artigo 152.º

1. O serviço telefónico estará permanentemente assegurado, podendo sê-lo pelo pessoal da portaria.

2. O chefe de recepção e de mesa deverá falar para além do português, o francês ou o inglês.

SECÇÃO V
Do serviço nos restantes estabelecimentos hoteleiros

ARTIGO 153.º

1. Nas pensões de quatro estrelas, o serviço de recepção será permanentemente assegurado.
2. O chefe da recepção deverá falar para além do português, o francês ou o inglês.

ARTIGO 154.º

Nos restantes estabelecimentos hoteleiros o serviço deve satisfazer os requisitos normais.

CAPÍTULO IX
Dos estabelecimentos similares

SECÇÃO I
Disposições comuns

ARTIGO 155.º

1. Todos os estabelecimentos similares deverão dispor de:
a) Água corrente;
b) Electricidade;
c) Zonas destinadas aos clientes em conformidade com as actividades a que se destinam;
d) Telefone para uso dos clientes;
e) Instalações sanitárias para uso dos clientes, com separação de sexos;
f) Escada de serviço ou monta-pratos quando as instalações destinadas aos clientes se situem em pavimento diferente daquele em que se efectue a confecção e preparação final dos alimentos ou bebidas, a servir;
g) Cozinha-copa ou cozinha e copa, com área e compartimentação adequada à capacidade e actividades do estabelecimento;

152 | *Investimento Imobiliário e Turístico em Cabo Verde*

h) Instalações frigoríficas para conservação e refrigeração dos alimentos e bebidas, de harmonia com a classificação e capacidade do estabelecimento;

i) Instalações sanitárias para uso do pessoal;

2. O Instituto Nacional do Turismo poderá dispensar o telefone quando, pela localização do estabelecimento se mostre impossível ou excessivamente onerosa a sua colocação.

3. Nos estabelecimentos de 3.ª, as instalações sanitárias poderão não ser separadas por sexos.

4. Nos estabelecimentos de bebidas a cozinha-copa poderá constituir um espaço integrado na zona do balcão, se a capacidade e as características do estabelecimento o permitirem.

5. Pode admitir-se a existência de instalações destinadas à preparação de alimentos na sala de refeições, desde que a qualidade da solução adoptada o permita.

ARTIGO 156.º

1. As instalações sanitárias terão ventilação directa ou artificial com contínua renovação de ar.

2. Estas instalações deverão, tanto quanto possível, ser localizadas de forma a não darem directamente para as salas de utilização dos clientes.

3. As instalações sanitárias deverão estar sempre dotadas de toalhas ou secadores.

4. As paredes, pavimentos e tectos serão revestidos de materiais de fácil limpeza.

ARTIGO 157.º

1. Quando se exija ar condicionado as respectivas instalações deverão permitir a sua regulação separada, para as diversas dependências de utilização dos clientes.

2. O ar condicionado deverá funcionar sempre que as condições climatéricas o requeiram, de modo a manter-se sempre uma temperatura ambiente adequada.

3. O Instituto Nacional do Turismo poderá dispensar, total ou parcialmente, a instalação de ar condicionado, se pela localização do estabelecimento e período de exploração, tal requisito se mostrar desnecessário.

Artigo 158.º

A instalação de máquinas ou aparelhagens, ascensores, condutas de água e esgotos efectuar-se-á de modo a que se eliminem ruídos e vibrações, devendo utilizar-se para esse fim os meios técnicos adequados.

Artigo 159.º

Os estabelecimentos, respectivas instalações, mobiliário e demais pertences deverão ser mantidos nas devidas condições de apresentação, funcionamento e limpeza, reparando-se prontamente as deteriorações ou avarias verificadas.

Artigo 160.º

Em todos os estabelecimentos similares deverá cuidar-se do seu aspecto higiénico e da qualidade dos serviços prestados, de harmonia com a sua classificação, tendo em especial atenção o seguinte:

a) Apresentação de alimentos e bebidas, utilizando produtos em perfeito estado de conservação;

b) A adequada apresentação de pratos e travessas;

c) O trato amável dos clientes, atendendo-os com rapidez e eficiência;

d) O perfeito funcionamento e limpeza das instalações sanitárias.

Artigo 161.º

Os estabelecimentos deverão dispor do pessoal necessário à boa execução do serviço, de acordo com a sua classificação, capacidade e características.

Secção II
Dos restaurantes

Artigos 162.º

1. Os restaurantes são classificados nas seguintes categorias: luxo, 1.ª, 2.ª, 3.ª.

2. Independentemente da categoria, os restantes poderão ainda ser classificados de típicos.

154 | *Investimento Imobiliário e Turístico em Cabo Verde*

Artigo 163.º

1. Nos restaurantes que assumam formas não tradicionais, tais como o snack-bar ou o self-service, os requisitos mínimos das instalações gerais e próprias de cada categoria e o serviço serão adaptados de acordo com as características especificas deste tipo de estabelecimentos.

2. Estes estabelecimentos serão classificados apenas em três categorias: 1.ª, 2.ª, 3.ª.

Subsecção I
Dos restaurantes de luxo

Artigo 164.º

1. Para um restaurante ser classificado de luxo deverá satisfazer aos requisitos mínimos constantes dos números seguintes.

2. Na zona destinada a clientes deverá existir:

a) Entrada para os clientes independente da entrada de serviço e com visibilidade restrita para o interior do estabelecimento;

b) Escada privativa, quando as instalações destinadas aos clientes se situem em dois ou mais pavimentos;

c) Átrio ou sala de espera com serviço de bar;

d) Telefone com cabina isolada;

e) Sala de refeições cuja capacidade deverá ser definida pela sua área, de modo a permitir um serviço eficiente e de nível correspondente à classificação do estabelecimento;

f) Ar condicionado;

g) Instalações sanitárias com materiais de revestimento e equipamento de luxo e lavabos com água corrente.

3. Na zona de serviço deverá existir:

a) Entrada de serviço;

b) Cozinha com a mais moderna, aperfeiçoada e eficiente maquinaria;

c) Copa dividida em zona suja e limpa, sendo a comunicação com a sala de refeições feita de modo a não permitir a vista da cozinha e a obter-se o seu necessário isolamento, relativamente às zonas destinadas a clientes;

Licenciamento de Estabelecimentos Hoteleiros | 155

d) Zona de armazenagem para víveres e bebidas e depósito de vasilhame adequada à capacidade e características do estabelecimento;

e) Vestiário para o pessoal.

4. A decoração e equipamento devem ser de modo a proporcionar um ambiente e serviço requintados devendo, para o efeito, o estabelecimento dispor de um completo equipamento auxiliar de mesa.

5. No caso do estabelecimento se situar num 2.º andar ou superior ou as instalações destinadas aos clientes se distribuírem por três ou mais pisos deverá existir ascensor.

6. Nestes estabelecimentos a área mínima exigida por pessoa nas zonas destinadas ao serviço de restauração é de 1,5m2.

7. As instalações sanitárias não podem comunicar directamente com as zonas destinadas ao serviço de refeições e de bebidas.

ARTIGO 165.º

1. Nestes estabelecimentos haverá à disposição dos clientes grande variedade de pratos, incluindo cozinha internacional e cozinha cabo verdiana, atendendo-se, em todo o caso, às regras fixadas nos termos do artigo 176.º.

2. Do mesmo modo deverá dispor de grande variedade de vinhos de marcas de reconhecido prestígio.

ARTIGO 166.º

1. O serviço de refeições será dirigido por um chefe de mesa e efectuar-se-á usando mesa auxiliar.

2. O serviço de vinhos estará a cargo de um chefe de vinhos.

3. O chefe de mesa e o chefe de vinhos deverão falar, além do português, o francês e o inglês.

SUBSECÇÃO II
Dos restaurantes de 1.ª

ARTIGO 167.º

1. Para um restaurante ser classificado de 1.ª deverá satisfazer aos requisitos mínimos constantes dos números seguintes.

156 | *Investimento Imobiliário e Turístico em Cabo Verde*

2. Na zona destinada aos clientes deverá existir:

a) Entrada para os clientes, independente da entrada de serviço;
b) Escada privativa, quando as instalações destinadas a clientes se situarem em dois ou mais pavimentos;
c) Vestiário localizado próximo da entrada;
d) Sala de refeições, cuja capacidade deverá ser definida pela sua área, de modo a permitir um serviço eficiente de harmonia com a classificação do estabelecimento;
e) Aparelhagem adequada ao arrefecimento do ambiente;
f) Instalações sanitárias com materiais de revestimento e equipamento de boa qualidade e lavabos com água corrente.

3. Na zona de serviço deverá existir:

a) Entrada de serviço;
b) Cozinha com maquinaria adequada;
c) Copa dividida em zona suja e limpa, sendo a comunicação com a sala de refeições feita de modo a não permitir a vista da cozinha e a obter-se o seu necessário isolamento relativamente às zonas destinadas a clientes;
d) Zona de armazenagem para víveres, bebidas e depósitos de vasilhame, adequada à capacidade e características do estabelecimento;
e) Vestiário para o pessoal.

4. A decoração deve ser de bom nível e o equipamento de boa qualidade, devendo o estabelecimento dispor de equipamento auxiliar de mesa.

5. Aplicar-se-á a estes estabelecimentos o disposto no n.º 5 do artigo 161.º.

ARTIGO 168.º

1. Nestes estabelecimentos haverá à disposição dos clientes pratos de cozinha internacional e caboverdiana, atendendo-se em todo o caso às regras fixadas nos termos do artigo 176.º.

2. Haverá ainda vinhos de marcas de reconhecido prestígio.

ARTIGO 169.º

1. O serviço de refeições será dirigido por um chefe de mesa.

2. O chefe de mesa deverá falar, além do português, o francês e o inglês.

SUBSECÇÃO III
Dos restaurantes de 2.ª

ARTIGO 170.º

1. Para um restaurante ser classificado de 2.ª deverá satisfazer aos requisitos mínimos constantes dos números seguintes.

2. Na zona destinada aos clientes;

a) Entrada para os clientes;
b) Vestiário localizado próximo da entrada;
c) Sala de refeição cuja capacidade deverá ser definido pela sua área;
d) Aparelhagem adequada ao arrefecimento do ambiente.

3. Na zona de serviço deverá existir:

a) Entrada de serviço;
b) Cozinha e copa;
c) Vestiário para o pessoal.

4. O equipamento deverá ser de qualidade aceitável.

5. Quando as condições do local onde está instalado o estabelecimento o não permitam, deverão dispensar-se a existência da entrada de serviço, devendo, neste caso, os fornecimentos fazer-se fora das horas em que o estabelecimento está aberto ao público ou, não sendo possível, nas horas de menor frequência.

ARTIGO 171.º

1. Nestes estabelecimentos haverá à disposição dos clientes pratos de cozinha nacional, atendendo-se, em todo o caso, às regras fixadas nos termos do artigo 176.º.

2. Haverá ainda várias marcas de vinhos.

158 | *Investimento Imobiliário e Turístico em Cabo Verde*

SUBSECÇÃO IV
Dos restaurantes de 3.ª

ARTIGO 172.º

1. Para um restaurante ser classificado de 3.ª deverá satisfazer aos requisitos mínimos dos estabelecimentos similares.

2. O equipamento ainda que simples deverá apresentar-se em bom estado de conservação.

3. No serviço de mesa deverão observar-se, pelo menos, as regras fixadas nos termos do artigo 176.º.

SUBSECÇÃO V
Dos restaurantes típicos

ARTIGO 173.º

1. Podem ser classificados como restaurantes típicos independentemente da sua categoria os que, pela sua cozinha, mobiliário, decoração e, eventualmente pela exibição de música regional ou outras manifestações culturais, reconstituam um ambiente característico de um país ou de uma região.

SUBSECÇÃO VI
Do serviço nos restaurantes

ARTIGO 174.º

1. Em todos os restaurantes será obrigatoriamente afixada, em local bem visível e que permita uma fácil leitura do exterior, a lista do dia, com os respectivos preços, e ainda de forma salientada, a composição e preço da refeição completa e da ementa turística.

2. A lista do dia incluirá todos os pratos que o estabelecimento esteja apto a servir no dia a que a lista respeitar.

3. Da lista constará o nome e a classificação do estabelecimento.

4. Nos estabelecimentos de luxo e de 1.ª a lista deverá ser escrita, pelo menos, em português, inglês e francês.

ARTIGO 175.º

1. No interior dos restaurantes haverá ao dispor dos clientes uma lista do dia, elaborada em conformidade com o disposto no artigo anterior.

2. Nos restaurantes de luxo, 1.ª e 2.ª haverá ainda uma carta de vinhos, com a indicação das marcas existentes e respectivos preços.

3. Na carta de vinhos indicar-se-ão ainda as águas minerais, cervejas, refrescos, licores, aguardentes e quaisquer outras bebidas que o estabelecimento forneça e os respectivos preços.

4. Será obrigatória a apresentação ao cliente da lista do dia, bem como a carta de vinhos, no momento em que este se dispõe a utilizar os serviços do estabelecimento.

5. O disposto neste artigo não se aplica aos estabelecimentos classificados como snack bar e self-service que pelas suas características o não permitam.

ARTIGO 176.º

A composição mínima da lista do dia, nas várias categorias de restaurantes, será fixada pelo presidente do Instituto Nacional do Turismo.

ARTIGO 177.º

1. Sem prejuízo do disposto quanto à ementa turística, os restaurantes, qualquer que seja a sua categoria poderão oferecer, a preço fixo, um serviço de refeição denominado, "refeição completa".

2. A refeição completa será composta de pratos constantes da lista do dia e incluirá, obrigatoriamente pão (80g) e vinho corrente tinto ou branco (3dl).

ARTIGO 178.º

1. Todos os restaurantes deverão ter um serviço de refeição denominado "ementa turística".

2. Por ementa turística entende-se a refeição composta de sopa ou de acepipes, um prato de ovos, peixe ou carne, e uma sobremesa (queijo, doce, fruta ou gelado) em qualidade e quantidade iguais às do serviço à lista, incluído pão (80g) e vinho corrente, tinto ou branco (3dl).

3. A composição da ementa turística será escolhida pelo cliente, tendo em atenção o disposto no número anterior de entre os pratos constantes da lista do dia.

4. Quando, além do número de pratos que compõem a lista do dia, existirem outros que pelas suas características especiais tenham um preço incompatível com a inclusão na ementa turística, estes pratos deverão ser devidamente assinalados e indicado o adicional devido para poderem nela ser incluídos.

ARTIGO 179.º

A obrigatoriedade da ementa turística poderá ser dispensada pelo presidente do Instituto Nacional do Turismo, a requerimento do interessado devidamente fundamentado.

SECÇÃO III
Dos estabelecimentos de bebidas

ARTIGO 180.º

1. Os estabelecimentos deste grupo serão classificados nas seguintes categorias: luxo, 1.ª e 2.ª.

2. As instalações destes estabelecimentos deverão estar adaptadas aos serviços específicos que prestem designadamente com cafés, casas de chá, cervejarias ou bares, e obedecerão ao disposto nos artigos seguintes.

SUBSECÇÃO I
Dos estabelecimentos de luxo

ARTIGO 181.º

1. Para um estabelecimento de bebidas ser classificado de luxo deverá ter decoração e equipamento de modo a proporcionar ambiente e serviços requintados e satisfazer ainda os requisitos mínimos constantes dos números seguintes.

2. Nas zonas destinadas aos clientes deverá existir:

a) Entrada para os clientes independente da entrada de serviço;
b) Vestiário localizado próximo da entrada, sempre que possível;
c) Escada privativa, quando as instalações destinadas aos clientes se situem em dois ou mais pavimentos;
d) Telefone com cabina isolada;
e) Ar condicionado;
f) Instalações sanitárias com materiais de revestimento e equipamento de luxo e lavabos com água corrente.

3. Na zona de serviço deverá existir:

a) Entrada de serviço;
b) Cozinha-copa ou copa em zona de preparação adequada às características da exploração dispondo de maquinaria moderna e eficiente;
c) Zona de armazenamento para víveres, bebidas e depósito de vasilhame adequada à capacidade e características do estabelecimento;
d) Vestiário para o pessoal.

4. A comunicação da zona de serviço com a sala destinada aos clientes deve ser feita de modo a não permitir a vista da cozinha e a obter-se o seu necessário isolamento relativamente à zona dos clientes.

5. Nestes estabelecimentos a área mínima exigida por pessoa, para o cálculo da sua capacidade é de $1m^2$.

6. As instalações sanitárias não podem comunicar directamente com as zonas destinadas ao serviço de refeições e bebidas.

7. No caso de o estabelecimento se situar num 2.º piso ou superior ou as instalações destinadas aos clientes se distribuírem por três ou mais pisos, deverá existir um ascensor.

SUBSECÇÃO II

Dos estabelecimentos de 1.ª

ARTIGO 182.º

1. Para um estabelecimento de bebidas ser classificado de 1.ª, deverá ter decoração de bom nível e equipamento de boa qualidade de modo a

162 | *Investimento Imobiliário e Turístico em Cabo Verde*

proporcionar um ambiente confortável e satisfazer os requisitos mínimos constantes nos números seguintes.

2. Na zona destinada aos clientes deverá existir:

a) Entrada para os clientes;

b) Escada privativa, quando as instalações destinadas aos clientes se situem em dois ou mais pavimentos;

c) A aparelhagem adequada para arrefecimento do ambiente;

d) Instalações sanitárias com materiais de revestimento e equipamento de boa qualidade e lavabos com água corrente.

3. Na zona de serviço deverá existir:

a) Entrada de serviço;

b) Cozinha-copa;

c) Zona de armazenagem para víveres e bebidas e depósito de vasilhame adequada à capacidade e características do estabelecimento;

d) Vestiário para o pessoal.

4. Nos bares deverá existir vestiário, localizado próximo da entrada.

5. Quando as condições do local onde está instalado o estabelecimento o não permitam, poderá dispensar-se a existência da entrada de serviço devendo, neste caso, os fornecimentos fazer-se fora das horas em que o estabelecimento está aberto ao público ou, não sendo possível, nas horas de menor frequência.

6. As instalações sanitárias não podem comunicar directamente com as zonas destinadas ao serviço de refeições.

Subsecção III

Dos estabelecimentos de bebidas de 2.ª

Artigo 183.º

1. Para um estabelecimento ser classificado de 2.ª deverá possuir equipamento de qualidade aceitável e obedecer aos requisitos mínimos constantes das alíneas seguintes:

a) Aparelhagem para arrefecimento do ambiente;

b) Cozinha-copa;

c) Zona de armazenagem para víveres, bebidas e depósito de vasilhame adequada à capacidade e características do estabelecimento;
d) Vestiário para o pessoal.

2. Nos bares deverá existir vestiário, localizado próximo da entrada.

Subsecção IV
Dos estabelecimentos de bebidas de 3.ª

Artigo 184.º

1. Para um estabelecimento de bebidas ser classificado de 3.ª, deverá satisfazer os requisitos mínimos dos estabelecimentos similares.
2. O equipamento, ainda que simples, deverá apresentar-se em bom estado de conservação.

Subsecção V
(Das salas de dança)

Artigo 185.º

1. Os estabelecimentos deste grupo serão classificados nas seguintes categorias: de luxo, 1.ª e 2.ª.
2. Sem prejuízo do disposto na legislação relativa a salas de espectáculos e independentemente do tipo de exploração adoptado os estabelecimentos deste grupo devem obedecer aos seguintes requisitos mínimos:
a) Entrada com visibilidade restrita para o interior;
b) Vestíbulo;
c) Vestiário localizado próximo da entrada;
d) Escada privativa, quando as instalações destinadas a clientes se situem em dois ou mais pavimentos;
e) Zona ou zonas para dançar;
f) Cozinha e copa organizadas de acordo com a exploração que se pretende;
g) Zona de armazenagem para víveres, bebidas e depósito de vasilhame adequada à capacidade e características do estabelecimento.

164 | *Investimento Imobiliário e Turístico em Cabo Verde*

2. A comunicação da zona de serviço com a sala destinada aos clientes deve ser feita de modo a não permitir a vista da cozinha e obter o necessário isolamento relativamente à zona destinada aos clientes.

3. No caso de o estabelecimento se situar num segundo andar ou superior ou as instalações destinadas aos clientes se distribuírem por três ou mais andares deverá existir ascensor.

4. Nestes estabelecimentos a área mínima exigida por pessoa para cálculo da sua capacidade é de 0,75m^2.

5. As instalações sanitárias não podem comunicar directamente com as zonas destinadas ao serviço de refeições e bebidas.

SUBSECÇÃO I
Das salas de dança de luxo

ARTIGO 186.º

1. Para um estabelecimento ser classificado de luxo deverá satisfazer ainda os seguintes requisitos:

a) Telefone com cabina isolada;
b) Ar condicionado;
c) Instalações sanitárias com materiais de revestimento equipamento de luxo.

2. A decoração e equipamento devem ser de modo a proporcionar um ambiente e serviço requintados.

3. Nestes estabelecimentos a área mínima exigida por pessoa, para cálculo da sua capacidade é de 1m^2.

SUBSECÇÃO II
Das salas de dança de 1.ª

ARTIGO 187.º

1. Para um estabelecimento ser classificado de 1.ª deverá satisfazer aos seguintes requisitos mínimos:

a) Telefone com cabina isolada;

b) Ar condicionado;

c) Instalações sanitárias com materiais de revestimento e equipamento de boa qualidade e lavabos com água corrente.

2. A decoração deve ser de bom nível e equipamento de boa qualidade, de modo a proporcionar ambiente confortável.

3. Nestes estabelecimentos a área mínima exigida por pessoa para cálculo da sua capacidade é de 0,75m².

SUBSECÇÃO III

Das salas de dança de 2.ª

ARTIGO 188.º

1. Para um estabelecimento ser classificado de 2.ª deverá satisfazer aos seguintes requisitos mínimos:

a) Aparelhagem adequada ao arrefecimento do ambiente;

b) Instalações sanitárias com materiais de revestimento e equipamento de qualidade aceitável e lavabos com água corrente.

2. A decoração e equipamento deverão ser de qualidade aceitável.

ARTIGO 189.º

1. Em todas as salas de dança ou estabelecimentos similares com espectáculo poderá ser autorizada a prática de consumo mínimo obrigatório.

2. Para este efeito, o interessado deverá apresentar no Instituto Nacional do Turismo, o respectivo pedido no qual conste, a denominação e classificação do estabelecimento, o preço do consumo mínimo a praticar, o serviço a que dá direito e as características e cartaz do espectáculo, quando o houver.

CAPÍTULO X
Da abertura, disciplina e funcionamento

SECÇÃO I
Das vistorias

ARTIGO 190.º

1. Quem pretender iniciar a exploração de um estabelecimento hoteleiro ou similar de interesse para o turismo deverá requerer ao Instituto Nacional do Turismo a respectiva vistoria e aprovação da denominação do estabelecimento.

2. Relativamente aos estabelecimentos sem interesse para o turismo, a vistoria deverá ser solicitada na câmara municipal respectiva.

ARTIGO 191.º

1. A vistoria será realizada no prazo de 20 dias, contado da data da entrada do requerimento nos serviços, devendo a decisão dela resultante ser comunicada ao interessado nos 10 dias seguintes à sua realização.

2. Se nos prazos previstos no número anterior não tiver sito realizada a vistoria ou feita a comunicação, poderá o estabelecimento iniciar a exploração com a classificação provisória que lhe tiver sido atribuída aquando da aprovação do respectivo projecto.

3. No momento da vistoria será entregue ao interessado um certificado, do qual conste a identificação do estabelecimento e a data da vistoria, e que servirá apenas para comprovar a data em que foi efectuada.

ARTIGO 192.º

1. Da vistoria será elaborado um relatório, do qual deve constar informação acerca da conformidade do estabelecimento com o projecto aprovado, a proposta de classificação e demais elementos necessários à aprovação da denominação.

2. No caso de ser autorizada a abertura do estabelecimento, da comunicação ao interessado deve constar, além desta autorização, a decisão sobre a classificação e denominação do estabelecimento.

3. No caso de não ser autorizada a abertura do estabelecimento, devem ser comunicados ao interessado os fundamentos da recusa.

ARTIGO 193.º

Decorrido um ano, a contar da data em que foi comunicada ao interessado a classificação provisória, será efectuada nova vistoria, para atribuição da classificação definitiva.

ARTIGO 194.º

Nenhum estabelecimento hoteleiro ou similar poderá iniciar a sua exploração sem ter obtido a aprovação da respectiva denominação e das tabelas de preços.

ARTIGO 195.º

1. Requerida a aprovação da denominação, o Instituto Nacional de Turismo deverá pronunciar-se no prazo de 30 dias contado da entrada do requerimento nos serviços.

2. Entende-se tacitamente aprovada a denominação acerca da qual não houver decisão no prazo referido no número anterior, salvo se contrariar alguma disposição do decreto-lei n.º 14/94 ou deste diploma.

ARTIGO 196.º

Não poderão ser aprovadas denominações iguais às de outros estabelecimentos hoteleiros ou similares existentes na mesma ilha, ou de tal forma semelhantes que possam, induzir em erro.

ARTIGO 197.º

Quando o interessado requerer vistorias para classificação do estabelecimento, observar-se-á com as necessárias adaptações o disposto nesta secção.

ARTIGO 198.º

As vistorias de abertura e reclassificação dos estabelecimentos hoteleiros e similares serão realizadas por funcionários do Instituto Nacional do Turismo.

168 | *Investimento Imobiliário e Turístico em Cabo Verde*

SECÇÃO II
Da disciplina e funcionamento

ARTIGO 199.º

1. Compete ao Instituto Nacional do Turismo fiscalizar todos os estabelecimentos previstos neste diploma.

2. As câmaras municipais também têm competência para fiscalizar as instalações e funcionamento dos estabelecimentos declarados sem interesse para o turismo, pelo Instituto Nacional do Turismo.

3. Para efeitos do estabelecido no número um, aos funcionários do Instituto Nacional do Turismo em serviço de fiscalização, depois de devidamente identificados, será já facultada a todo o momento a entrada nos estabelecimentos e suas dependências, devendo ainda ser postos ao seu dispor todos os elementos por eles solicitados.

ARTIGO 200.º

1. Em todos os estabelecimentos hoteleiros e similares de interesse para o turismo será obrigatória a afixação no exterior, junto à entrada principal de uma placa normalizada com a classificação do estabelecimento, conforme modelo a aprovar por portaria do membro do governo com tutela sobre o sector do turismo.

2. No prazo de 15 dias a contar da data em que o estabelecimento for classificado ou se verificar qualquer alteração da sua classificação, deve o interessado satisfazer o disposto no número anterior.

ARTIGO 201.º

1. Os estabelecimentos não poderão usar classificação diferente da que lhes tenhas sido atribuída nem aludir por qualquer forma à classificação anterior.

2. Na publicidade, correspondência, facturas ou qualquer outra forma de referência aos estabelecimentos deverá claramente indicar-se por forma completa e inequívoca a sua classificação.

Artigo 202.º

1. Em todos estabelecimentos hoteleiros e similares existirá um livro de reclamação, que será obrigatoriamente facultado aos clientes que o solicitem e exibem documento comprovativo da sua identificação.

2. O livro de modelo aprovado pelo Instituto Nacional do Turismo deverá ter termo de abertura e encerramento, assinados pelo presidente do Instituto Nacional do Turismo ou pelo responsável do departamento das actividades turísticas se para isso houver delegação.

3. Das reclamações nele exaradas deverão os empresários, no prazo de 48h, enviar cópia integral ao Instituto Nacional do Turismo.

4. Quando o reclamante não o fizer, deverá o empresário fazer constar, no lugar próprio do livro de reclamações, o nome e a morada daquele.

5. Em todos os estabelecimentos deverá afixar-se, em local bem visível, a indicação da existência do livro de reclamações ao dispor dos clientes.

Artigo 203.º

1. Os estabelecimentos hoteleiros e similares são considerados como públicos, não sendo permitida qualquer prática discriminatória que limite o seu livre acesso.

2. Consideram-se motivos justificados de proibição do acesso ou permanência nos estabelecimentos os seguintes:

   a) Falta de propósito de adquirir ou consumir os bens ou serviços que constituem objecto de actividade do estabelecimento;
   b) A embriaguez;
   c) A inobservância das normas usuais de higiene, moralidade, convivência e ordem pública.

3. Poderão ainda as empresas proibir o acesso a pessoas que se façam acompanhar por animais.

Artigo 204.º

Não é permitida a venda ambulante nos estabelecimentos, salvo quanto aos produtos que constituem objecto do seu comércio e quando feita pelas próprias empresas.

170 | *Investimento Imobiliário e Turístico em Cabo Verde*

ARTIGO 205.º

Nos estabelecimentos similares não poderão ser consumidas bebidas que não sejam fornecidas pelo próprio estabelecimento salvo se o empresário o autorizar.

ARTIGO 206.º

1. Em todos os estabelecimentos hoteleiros e similares deverá haver um responsável, a quem caberá zelar pelo bom funcionamento do estabelecimento, trato amável da clientela, rapidez e eficiência de serviço e demais disposições legais aplicáveis.

2. Nos hotéis e hotéis-apartamentos o lugar de responsável será exercido por um director.

ARTIGO 207.º

Os clientes devem observar as normais usuais de urbanidade, higiene e convivência, bem como as normas privativas dos estabelecimentos que não contrariem as disposições legais.

ARTIGO 208.º

A inobservância pelos clientes dos deveres que lhes são impostos nos termos deste regulamento atribuirá ao empresário o direito de resolver os respectivos contratos ou de proibir o acesso ou a permanência dos clientes nos estabelecimentos.

ARTIGO 209.º

1. Das importâncias pagas pelos clientes serão obrigatoriamente passadas facturas das quais constarão, discriminadamente, os serviços prestados e o respectivo preço.

2. Exceptuam-se do disposto no número anterior, os estabelecimentos de bebidas, nos quais só serão passadas facturas quando o cliente o solicite.

Capítulo XI
Das infracções e sua sanção

Artigo 210.º

1. Sem prejuízo da responsabilidade civil ou penal emergente dos actos praticados, são puníveis com multa de 10.000$00 a 20.000$00, as seguintes infracções:

a) A falta, em qualquer estabelecimento dos requisitos mínimos exigidos para as suas instalações e do presente regulamento, quer sejam dos comuns a todos os empreendimentos do mesmo tipo, quer dos próprios da sua categoria, ou, a sua inexactidão relativamente às especificações legais;

b) A utilização de equipamentos e instalações que não satisfaçam as especificações definidas no presente regulamento;

c) O desrespeito pelas medidas de segurança constantes no anexo II em violação ao disposto no artigo 27.º;

d) A não utilização dos sinais normalizados a que se refere o n.º do artigo 37.º;

e) A utilização de denominação que não tenha sido previamente aprovada pelo Instituto Nacional do Turismo, em infracção ao disposto no artigo 201.º n.º 1;

f) A inexistência de tabelas normalizadas em infracção ao artigo 54.º;

g) A utilização de anexos que não satisfaçam o disposto no artigo 60.º;

h) A utilização do termo "residencial" em infracção ao disposto no artigo 82.º;

i) A inexistência da lista do dia e de carta de vinhos em infracção aos artigos 174.º e 175.º;

j) A prática de consumo mínimo obrigatório sem que o mesmo tenha sido previamente autorizado pelo Instituto Nacional do Turismo ou depois de ter sido revogada a sua autorização, em infracção ao disposto no n.º 2 do artigo 189.º;

k) O inicio da exploração em infracção ao disposto no artigo 194.º;

l) A inexistência de placa normalizada em infracção ao artigo 200.º;

172 | *Investimento Imobiliário e Turístico em Cabo Verde*

m) A infracção ao disposto ao n.º 2 do artigo 201.º;

n) A inexistência do livro de reclamações ou a recusa da sua entrega aos clientes que o solicitem em infracção ao disposto no artigo 202.º n.ºs 1 e 2;

o) O não envio ao Instituto Nacional do Turismo das reclamações exaradas pelos clientes em infracção ao artigo 202.º n.º 3;

p) A falta de indicativo no livro de reclamações em infracção ao n.º 5 do artigo 202.º;

q) A inexistência de responsável pelo empreendimento em infracção ao disposto no artigo 206.º;

r) A infracção ao disposto nos artigos 28.º, 29.º, 96.º, 131.º, 132.º, 133.º, 134.º, 135.º, 136.º, 137.º, 138.º, 139.º, 140.º, 141.º, 142.º, 143.º, 145.º, 147.º, 148.º, 149.º, 150.º, 151.º, 152.º, 153.º, 154.º, 158.º, 159.º, 160.º, 161.º, 165.º, 168.º, 169.º, 171.º, 178.º, 179.º n.º 3, 203.º e 204.º;

s) A utilização de camas convertíveis ou de beliches em infracção ao disposto no presente regulamento;

t) Qualquer infracção às normas previstas no presente regulamento não expressamente referida neste artigo.

2. Nos casos previsto no número anterior, a negligência e a tentativa são puníveis.

Artigo 211.º

1. O limite da multa prevista no artigo anterior será aumentado para o dobro em caso de reincidência.

2. Considera-se que há reincidência sempre que no período de um ano contado da data do cometimento de uma infracção seja praticada no mesmo estabelecimento qualquer outra, às regras previstas neste diploma.

Artigo 212.º

1. As infracções previstas no artigo 210.º poderão ainda ser passíveis das seguintes sanções acessórias:

a) Apreensão do material através do qual se realiza a infracção;

b) Suspensão temporária do funcionamento do estabelecimento;

c) Encerramento definitivo do estabelecimento.

Licenciamento de Estabelecimentos Hoteleiros | 173

2. Quando a gravidade ou as circunstâncias da infracção o justificar, poderá ser decidido dar publicidade à sanção aplicada.

ARTIGO 213.º

1. Quando em relação a um estabelecimento hoteleiro for aplicada alguma das sanções previstas nas alíneas b) e c) do artigo 219.º, o estabelecimento só encerrará depois de terminarem a sua estada todos os hóspedes que à data da notificação nele se encontrarem.
2. Ficará, porém interdita a entrada de novos hóspedes, ainda que as respectivas reservas sejam anteriores à notificação da sanção.
3. A infracção ao disposto nos números anteriores ou qualquer conduta destinada a evitar a sua aplicação constitui crime de desobediência e serão puníveis nos termos do artigo 188.º do Código Penal.

ARTIGO 214.º

1. A instrução de processos relativos às infracções previstas neste diploma e seu regulamento é da competência do Instituto Nacional do Turismo.
2. Para efeito do disposto no número anterior todas as entidades ou agentes que tomarem conhecimento de qualquer infracção deverão participá-lo ao Instituto Nacional do Turismo.
3. Na instrução dos processos deverão sempre ser ouvidos os interessados bem como as testemunhas por eles indicados.

ARTIGO 215.º

1. A competência para aplicação de multa cujo valor seja superior a 150.000$00 bem como das sanções acessórias previstas na alínea c) do n.º 2 do artigo 212.º é do membro do governo com tutela sobre o sector do turismo.
2. A competência para aplicação de multa até 150.000$00 e das sanções acessórias previstas nas alíneas a) e b) do n.º 1 do artigo 212.º é da competência do presidente do Instituto Nacional do Turismo.
3. Das sanções aplicadas pelo presidente do Instituto Nacional do Turismo cabe recurso hierárquico, a interpor no prazo de 8 dias a contar

174 | *Investimento Imobiliário e Turístico em Cabo Verde*

da data da notificação, se o montante for superior a 60.000$00, ou, se for aplicada a sanção acessória de suspensão de funcionamento.

4. O recurso contencioso interposto nos termos da lei geral, da decisão que aplique quaisquer das sanções previstas neste diploma, não terá efeito suspensivo salvo em caso de multa, cuja execução será suspensa na fase da penhora.

Artigo 216.º

1. A determinação da medida da multa far-se-á em função da gravidade da infracção, dos prejuízos causados ao turismo nacional e da culpa e capacidade económica do agente.

2. Sem prejuízo dos limites fixados no número 1 do artigo 210.º, a multa deverá, sempre que possível, exceder o benefício económico que o agente retirou da prática da infracção.

Artigo 217.º

1. Independentemente da aplicação de qualquer sanção, o Instituto Nacional do Turismo cobrará dos estabelecimentos as importâncias por eles indevidamente recebidas dos clientes para além dos preços legalmente fixados, e providenciará no sentido da sua restituição.

2. Sendo, porém, desconhecido o paradeiro destes, de sorte que seja de presumir o seu desinteresse no reembolso das quantias cobradas reverterão a favor do fundo de desenvolvimento turístico.

Artigo 218.º

O produto das multas aplicadas nos termos do presente diploma constitui receita do Fundo de Desenvolvimento Turístico.

Licenciamento de Estabelecimentos Hoteleiros | 175

ANEXO I
Tabela de dimensões e áreas úteis mínimas

| Grupo e categorias | Escadas Largura Metros | Corredores Principais Largura Metros | Zonas de estar Metros quadrados por quarto | Salas de refeições Metros quadrados por quarto | Quartos | | | | Salas dos quartos, suítes e apartamentos Metros Quadrados | Terraços dos quartos Metros Quadrados | Recebedores de douche e banheiras Dimensões Metros | Casas de banho | | | | Sanitário Metros Quadrados |
					Pé-direito Livre Metros	Duplos Metros Quadrados	Individuais Metros Quadrados	Beliches Metros Quadrados				Especial Metros Quadrados	Completa Metros Quadrados	Simples Metros Quadrados	Chuveiro Metros Quadrados	
Hotéis																
Cinco estrelas	1.30	1.75	3.00	2.25	2.40	17.00	12.00	-	12.00	4.00	1.7x0.6x0.75	5.50	5.50	-	-	-
Quatro Estrelas	1.30	1.60	2.50	2.00	2.40	15.00	10.00	-	10.00	4.00	1.6x0.55x0.7	-	4.50	3.00	-	-
Três estrelas	1.30	1.40	2.00	1.75	2.40	14.00	9.00	-	9.00	3.50	1.6x0.55x0.6	-	4.00	2.75	2.00	-
Duas estrelas	1.30	1.20	1.50	1.50	2.40	12.00	8.00	-	8.00	3.00	1.5x0.55x0.7	-	3.50	2.50	1.70	-
Pensões																
Quatro estrelas	1.10	1.20	1.25	1.25	2.40	12.00	9.00	-	9.00	3.00	1.4x0.9x0.9	-	3.50	2.50	1.70	-
Três estrelas	1.10	1.10	1.00	1.00	2.40	9.00	7.50	-	7.50	-	1.4x0.55x0.7	-	3.50	2.50	1.50	-
Duas estrelas	1.10	1.10	1.00	1.00	2.40	9.00	7.50	-	7.50	-	-	-	-	2.50	1.50	-
Pousadas																
Quatro estrelas	1.10	1.20	1.75	1.75	2.40	15.00	9.00	-	10.00	4.00	1.5x0.8x0.8	-	3.60	2.50	1.60	-
Três estrelas	1.10	1.20	1.50	1.50	2.40	14.00	8.00	-	9.00	3.50	1.5x0.8x0.8	-	3.60	2.25	1.35	-
Hotéis Apartamentos																
Quatro estrelas	1.10	1.60	-	-	2.40	12.00	9.00	10.00	14.00	4.00	1.6x0.9x0.9	-	4.00	2.50	1.70	-
Três estrelas	1.10	1.40	-	-	2.40	10.00	8.00	9.00	12.00	3.50	1.6x0.9x0.9	-	-	2.75	1.50	-
Duas estrelas	1.10	1.20	-	-	2.40	9.00	7.50	8.00	10.00	3.00	-	-	-	2.50	1.35	-
Aldeamento Turístico																
Luxo	1.10	1.10	-	-	2.40	12.00	9.00	10.00	16.00	4.00	1.6x0.55x0.7	-	4.00	2.50	-	-
Primeira	1.10	1.10	-	-	2.40	11.00	8.00	9.00	12.00	3.50	-	-	3.70	2.50	-	-
Segunda	1.10	1.10	-	-	2.40	9.00	7.50	9.00	11.00	3.00	-	-	3.50	2.50	-	-

176 | *Investimento Imobiliário e Turístico em Cabo Verde*

ANEXO II

Medidas de segurança contra incêndio a que se refere o artigo 27.º;

I – Objectivos

As normas respeitantes à segurança contra riscos de incêndio nos estabelecimentos hoteleiros destina-se a:

a) Reduzir os riscos de deflagração de incêndios;
b) Impedir a propagação de fogo e de fumos;
c) Permitir a evacuação rápida e segura de todos os ocupantes do estabelecimento;
d) Permitir a intervenção eficaz dos serviços de bombeiros e de todos os que devam actuar em casos de emergência.

II – Disposições Gerais

1. Para efeitos do estabelecimento no número anterior, os estabelecimentos deverão satisfazer as exigências a seguir enunciadas, em conformidade com as especificações técnicas constantes dos números seguintes deste anexo:

a) Estabelecer caminhos de evacuação do estabelecimento;
b) Garantir a estabilidade dos elementos estruturais do edifício do estabelecimento em relação ao fogo;
c) Não utilizar materiais altamente inflamáveis nos revestimentos das paredes, dos tectos e dos pavimentos, bem como nas decorações interiores;
d) Dispor de equipamentos técnicos (instalação eléctrica, de gás, de ventilação, de aquecimento, etc.) e de aparelhos que funcionem em boas condições de segurança;
e) Dispor de sistemas de alarme e de alerta apropriados;
f) Dispor de iluminação e sinalização de segurança;
g) Dispor de meios de primeira intervenção apropriados;
h) Afixar em lugares adequados instruções de segurança;
i) Organizar a instrução adequada do pessoal relativamente às acções a desenvolver em caso de fogo.

2. As exigências previstas no número anterior deverão ser adequadas a cada estabelecimento, em função das suas características próprias, do número de pisos do edifício ocupado pelo estabelecimento e da sua capacidade.

3. Relativamente aos estabelecimentos existentes, as medidas previstas neste anexo poderão ser dispensadas ou substituídas por outras que permitam obter resultados equivalentes sempre que a sua concretização se mostre inviável ou demasiado onerosa, face às características do edifício e ou à capacidade do estabelecimento e ao tipo de exploração.

III – Disposições técnicas.

1. Caminhos de evacuação:

Licenciamento de Estabelecimentos Hoteleiros | 177

1.1. Generalidades:

    1.1.1. Os caminhos de evacuação (corredores, portas e escadas) devem possuir características tais que permitam uma evacuação rápida e segura dos ocupantes para o exterior.

    1.1.2. Os caminhos de evacuação devem ainda estar ordenados e distribuídos por forma a desembocar, independentemente uns dos outros, numa rua ou num espaço livre suficientemente amplo para possibilitar aos ocupantes afastarem-se do edifício.

    1.1.3. Os caminhos de evacuação devem estar providos de sinais de segurança normalizados e visíveis, tanto de dia como de noite, que orientem os ocupantes no sentido da saída do estabelecimento em caso de sinistro.

    1.1.4. Nos caminhos da evacuação não devem ser colocadas peças de mobiliário nem quaisquer obstáculos que possam dificultar a circulação e representar um risco de propagação de incêndio.

    1.1.5. Nos caminhos de evacuação não devem ser colocados espelhos susceptíveis de induzirem em erro os ocupantes relativamente ao sentido correcto do percurso para as saídas e para as escadas.

1.2. Portas:

    1.2.1. As portas situadas nos caminhos de evacuação, com excepção das dos quartos, e que não devam ser utilizadas pelos utentes em caso de incêndio deverão ser munidas de dispositivo automático que as mantenha normalmente fechadas e ter afixado um sinal normalizado de proibição de passagem.

    1.2.2. As portas situadas nos caminhos de evacuação que devam ser utilizadas pelos utentes em caso de incêndio, com excepção da dos quartos, têm de se poder abrir no sentido previsto para essa evacuação e estar munidas de um dispositivo automático que as mantenha fechadas.

    1.2.3. A porta de saída de um caminho de evacuação deverá poder ser, em qualquer circunstância, facilmente aberta pelo interior do estabelecimento por qualquer pessoa que, em caso de sinistro, tenha de abandonar o edifício.

    1.2.4. As portas giratórias ou de correr deverão ser complementadas por outra porta, de batente, que abra no sentido previsto para a evacuação.

1.3. Escadas:

    1.3.1. Os estabelecimentos hoteleiros com três ou mais pisos acima do solo e com capacidade de alojamento superior a 50 pessoas devem dispor, em princípio, de, pelo menos, duas escadas.

    1.3.2. O disposto no número anterior aplicar-se-á também sempre que o estabelecimento esteja instalado a partir do 4.º piso acima do solo, independentemente da sua capacidade.

    1.3.3. Como segunda escada pode aceitar-se uma escada exterior, desde que ofereça condições de segurança julgadas satisfatórias.

178 | *Investimento Imobiliário e Turístico em Cabo Verde*

1.3.4. O número e a largura das escadas devem ser suficientes para que a evacuação das pessoas susceptíveis de se encontrarem no estabelecimento se possa efectuar satisfatoriamente.

1.3.5. A largura das escadas não poderá ser inferior a 1,20m, salvo no caso das escadas suplementares, que poderão ter apenas 0,80m de largura, no mínimo.

1.3.6. Quando o estabelecimento disponha de várias escadas, a distância a percorrer de qualquer ponto de um caminho de evacuação para atingir qualquer das escadas não deve ultrapassar 35m.

1.3.7. Nos estabelecimentos existentes, se as escadas derem acesso a caves do estabelecimento, devem tomar-se as disposições necessárias para evitar a possibilidade de as pessoas se desorientarem e descerem abaixo do nível dos arruamentos exteriores e, sempre que possível implantarem-se mecanismos que interrompam a continuidade da escada.

1.4. Corredores:

1.4.1. O comprimento dos corredores sem saída não deve ultrapassar 10m.

1.4.2. O comprimento dos corredores deve respeitar, em qualquer caso, a distância de 35m estabelecida no n.º 1.3.6. deste anexo.

1.4.3. Os corredores devem ter iluminação natural e ou artificial que permita a normal circulação dos clientes, mesmo em caso de sinistro.

2. Características de construção:

2.1. Generalidades – As características da construção dos estabelecimentos hoteleiros devem preencher as qualificações definidas no n.º III do presente anexo, por forma que:

a) O comportamento ao fogo dos elementos estruturais seja o adequado para assegurar, em caso de incêndio, a estabilidade do conjunto durante um período de tempo considerado suficiente;

b) A compartimentação do edifício constitua uma barreira contra a propagação de fumos e chamas que permita manter os caminhos de evacuação acessíveis e praticáveis durante um período de tempo considerado suficiente relativamente às operações de evacuação e de intervenção.

2.2. Estrutura dos edifícios:

2.2.1. Relativamente aos edifícios com um só piso (rés-do-chão sem cave) não é feita qualquer exigência de resistência ao fogo das respectivas estruturas.

2.2.2. A resistência ao fogo das estruturas dos edifícios até três pisos deve ser da classe EF 30, no mínimo.

2.2.3. A resistência ao fogo das estruturas dos edifícios com quatro ou mais pisos deve ser classe EF 60, no mínimo.

2.2.4. A resistência ao fogo das estruturas dos edifícios com dez ou mais pisos deve ser classe EF 90, no mínimo.

2.3. Pavimentos (Placas):

2.3.1. A resistência ao fogo dos pavimentos dos edifícios até três pisos deve ser da classe CF 30, no mínimo.

2.3.2. A resistência ao fogo dos pavimentos dos edifícios com quatro ou mais pisos deve ser da classe CF 60, no mínimo.

2.3.3. A resistência ao fogo dos pavimentos dos edifícios com dez ou mais pisos deve ser da classe CF 90, no mínimo.

2.4. Enclausuramento das escadas:

2.4.1. As escadas de qualquer edifício em que exista um estabelecimento hoteleiro com instalações a nível do 5.º piso e ou acima deste devem ser enclausuradas.

2.4.1.1. As paredes das caixas de escada devem apresentar uma resistência ao fogo da classe CF 30, no mínimo, e da classe CF 90, para edifícios com dez ou mais pisos.

2.4.1.2. As portas de acesso a estas caixas de escada devem ter uma resistência ao fogo da classe PC 30, no mínimo, e da classe PC 60, para os edifícios a construir com dez ou mais pisos.

2.4.1.3. As portas referidas no número anterior deverão estar equipadas com um dispositivo de fecho automático e ter afixada nelas a indicação de que devem ser mantidas fechadas.

2.4.2. Quando a mesma caixa de escada permita servir pisos situados acima e abaixo do solo, devem ser adoptadas soluções construtivas que tornem independentes os dois troços da escada no que respeita ao risco de propagação do incêndio.

2.4.3. Na parte superior das caixas de escadas deve existir uma abertura, com uma área total não inferior a 1 m² (clarabóias ou janelas envidraçadas com vidro facilmente quebrável), com um dispositivo que permita a sua fácil abertura do piso térreo, caso não seja directamente acessível.

2.4.4. As caixas das escadas de serviço reservadas ao pessoal do estabelecimento no seu funcionamento normal devem ser objecto de uma protecção baseada nos critérios referidos nos números anteriores.

2.4.5. Nos estabelecimentos existentes, quando se verifique a impossibilidade prática de enclausuramento das escadas, devem ser tomadas medidas compensatórias destinadas a acelerar a evacuação do edifício como por exemplo criação de caminhos de evacuação alternativos, instalação de sistema automático de detenção de incêndio, etc.

2.5. Compartimentação:

2.5.1. As paredes que separam os quartos dos caminhos horizontais de evacuação devem ter uma resistência ao fogo da classe CF 30, no mínimo.

2.5.2. As portas dos quartos para caminhos horizontais de evacuação devem ter uma resistência ao fogo da classe PC 15, no mínimo.

2.5.3. As paredes e pavimentos que separam os quartos e caminhos de evacuação de locais que apresentam risco de incêndio agravado (por exem-

180 | *Investimento Imobiliário e Turístico em Cabo Verde*

plo, cozinhas, lavandarias, salas de caldeiras, caves) devem ter uma resistência ao fogo da classe CF 60, no mínimo.

2.5.4. As portas dos locais referidos no número anterior devem ter uma resistência ao fogo da classe PC 60, no mínimo, e satisfazer ainda as exigências estabelecidas no n.º 2.4.1.3. deste anexo.

3. Revestimentos e decorações:

3.1. Generalidades:

3.1.1. Nos estabelecimentos hoteleiros os revestimentos das superfícies e os elementos de decoração devem apresentar, do ponto de vista da reacção ao fogo, características tais que não constituam risco particular relativamente à propagação do incêndio e à produção de fumos, particularmente nas seguintes zonas:

a) Caminhos de evacuação, nomeadamente corredores, escadas e zonas de passagem, como vestíbulos, átrios e saídas;

b) Locais acessíveis ao público, nomeadamente aos hóspedes do estabelecimento, com excepção dos quartos.

3.1.2. Os revestimentos e os elementos de decoração a ter especialmente em consideração nas zonas referidas no número anterior são, nomeadamente, os seguintes:

a) Os revestimentos dos pavimentos, das paredes e dos tectos;

b) Os elementos decorativos das paredes e dos tectos.

3.2. Caminhos de evacuação:

3.2.1. Os materiais de revestimento das superfícies interiores dos caminhos de evacuação devem ter uma reacção ao fogo das classes que, para cada caso, a seguir se indicam:

Materiais de revestimento de pavimento – M3;
Materiais de revestimento de paredes – M2;
Materiais de revestimento de tectos – M1.

3.2.2. O disposto no número anterior não é obrigatório para os materiais de revestimento de átrios e saídas a nível do 1.º piso (rés-do-chão), que poderão satisfazer apenas o estabelecido no n.º 3.3.1.

3.3. Locais acessíveis ao público:

3.3.1. Os materiais de revestimento e elementos decorativos dos demais locais acessíveis ao público a que se refere a alínea b) do n.º 3.1.1., nomeadamente salas de estar, de televisão, de conferências, restaurantes e bares, devem ter uma reacção ao fogo das classes que, para cada caso, a seguir se indicam:

Materiais de revestimento de pavimento – M4;
Materiais de revestimento de decoração de paredes – M3;
Materiais de revestimento e decoração de tectos – M2.

3.3.2. O disposto no número anterior não é aplicável aos quartos dos estabelecimentos.

Licenciamento de Estabelecimentos Hoteleiros | 181

4. Instalação eléctrica:

4.1. A instalação eléctrica deverá estar em conformidade com as disposições legais aplicáveis em vigor.

4.2. Iluminação:

4.2.1. Iluminação normal – o sistema de iluminação normal de um estabelecimento hoteleiro deve ser eléctrico.

4.2.2. Iluminação de segurança – o sistema de iluminação de segurança destes estabelecimentos deverá ser concebido e instalado de forma a funcionar durante o tempo suficiente para permitir a evacuação de todos os ocupantes do estabelecimento.

4.2.3. O sistema de iluminação de segurança pode ser dispensado sempre que o estabelecimento não ocupe mais de dois pisos e a sua capacidade for inferior a 50 camas.

4.3. Equipamentos eléctricos:

4.3.1. Todos os aparelhos e equipamentos eléctricos devem obedecer às normas legais em vigor sobre essa matéria.

4.3.2. Os aparelhos de aquecimento eléctrico devem ser fixos.

5. Instalações que utilizam combustíveis líquidos ou gasosos:

5.1. Generalidades – Todas as instalações que utilizem combustíveis líquidos ou gasosos devem obedecer às prescrições regulamentares em vigor sobre a matéria.

5.2. Aquecimento:

5.2.1. O sistema de aquecimento de um estabelecimento hoteleiro pode ser assegurado por aparelhos de aquecimento ligados a uma central ou aparelhos de aquecimento autónomos.

5.2.2. Os aparelhos de aquecimento autónomos deverão ser fixos.

5.3. Casa das caldeiras (central de aquecimento):

5.3.1. As paredes da sala das caldeiras devem ter uma resistência ao fogo da classe CF 60, no mínimo.

5.3.2. As portas desta sala devem ter uma resistência ao fogo da classe PC 60, no mínimo, e satisfazer ainda os requisitos fixados no n.º 2.4.1.3.

5.4. Distribuição de fluidos combustíveis:

5.4.1. A alimentação dos aparelhos que utilizem combustíveis líquidos ou gasosos deve poder ser interrompida por um dispositivo de fecho, de comando manual, no mínimo.

5.4.1.1. Para os aparelhos autónomos, o dispositivo de fecho deve ser situado junto do aparelho.

5.4.1.2. Para os aparelhos colectivos, nomeadamente de aquecimento central, instalados na casa das caldeiras ou dentro de um local separado, o dispositivo de fecho deverá ser colocado no exterior da casa das caldeiras, num local de fácil acesso ou bem assinalado.

182 | *Investimento Imobiliário e Turístico em Cabo Verde*

5.4.2. Se o edifício no qual está situado o estabelecimento hoteleiro dispuser de uma rede de distribuição de gás de abastecimento geral, esta canalização ter, pelo menos, um dispositivo de fecho, de comando manual, colocado logo à entrada da canalização, no edifício e devidamente sinalizado.

5.4.3. No caso dos combustíveis líquidos, quando o depósito se situar no interior de um edifício, o local em que o depósito se encontra deverá estar concebido de modo a corresponder, pelo menos, às disposições do n.º 5.3. e a poder reter eventuais fugas de combustível.

5.4.4. No caso do gás de petróleo liquefeito, o depósito deve situar-se no exterior do edifício.

5.5. Aparelhos de queima de gás:

5.5.1. Todos os aparelhos de queima de gás devem estar em conformidade com as disposições legais em vigor nesta matéria

5.5.2. Estes aparelhos devem ser objecto de instalação e manutenção adequadas e o seu modo de emprego estar claramente indicado.

6. Sistemas de ventilação e climatização:

6.1. Devem ser instalados de forma a evitar a propagação do incêndio bem como de gases e fumos, através das suas condutas de distribuição.

6.2. Devem estar providos de um dispositivo de corte geral, manual, colocado em local de fácil acesso e perfeitamente assinalado.

6.3. Quando o estabelecimento hoteleiro estiver equipado com um sistema automático de detecção de incêndios, este deve comandar o dispositivo de corte geral.

6.4. A conduta de evacuação de fumos e cheiros das cozinhas dos estabelecimentos deve ser construída em material incombustível e conduzir, tão directamente quanto possível, ao exterior.

7. Elevadores:

7.1. As instalações de elevadores devem estar de acordo com as disposições da regulamentação em vigor.

7.2. Junto das portas de acesso aos elevadores devem ser colocados sinais que indiquem a proibição de utilização dos mesmos em caso de incêndio.

7.3. Quando o estabelecimento hoteleiro estiver equipado com um sistema automático de detecção de incêndio, este deve comandar os elevadores, de forma que, em caso de incêndio, permaneçam parados no piso de saída, com as portas abertas.

8. Meios de intervenção de alarme e de alerta:

8.1. Meios de intervenção imediata:

8.1.1. Todos os estabelecimentos hoteleiros devem estar dotados de meios de intervenção imediata destinados a combater um princípio de incêndio.

Licenciamento de Estabelecimentos Hoteleiros | 183

8.1.2. Os meios de intervenção imediata são constituídos por extintores portáteis e por dispositivos fixos equivalentes, tais como redes de incêndio armadas, colunas secas e colunas húmidas.

8.1.3. Os meios de intervenção imediata devem estar instalados em todos os pisos ocupados pelo estabelecimento, junto aos acessos às escadas ou às saídas, nos caminhos de evacuação, a uma distância máxima de uns para os outros de 25m.

8.1.4. Os meios de intervenção devem ainda ser instalados nas proximidades dos locais que apresentem riscos específicos de incêndio.

8.1.5. Os meios de intervenção imediata devem estar colocados em locais de fácil acesso, devidamente sinalizados, e ser mantidos em bom estado de conservação e funcionamento.

8.1.6. O número e tipo de extintores portáteis e dos demais meios de intervenção imediata a instalar serão fixados, caso a caso, em função das características e da capacidade dos estabelecimentos.

8.1.7. Os meios de intervenção imediata devem obedecer às disposições em vigor.

8.2.

8.2.1. Os estabelecimentos hoteleiros devem ser dotados de um sistema de alarme sonoro fiável, distinto do sistema telefónico, ou de outras instalações sonoras.

8.2.2. Seja qual for o tipo, este sistema deverá ter um funcionamento adaptado às características de construção e de exploração do estabelecimento e permitir, em caso de sinistro, o aviso atempado de todas as pessoas que nele se encontrem.

8.3. Alerta:

8.3.1. A corporação de bombeiros da área do estabelecimento deve poder ser alertada facilmente pela rede telefónica pública, por uma linha directa ou por qualquer outro meio equivalente adequado.

8.3.2. A forma de contactar os serviços de bombeiros deve estar claramente indicada em todos os locais a partir dos quais seja possível estabelecer tal contacto. No caso da rede telefónica pública, o número de telefone da corporação de bombeiros e o seu endereço deverão ser afixados bem em evidência na central telefónica do estabelecimento e na portaria.

9. Instruções de segurança:

9.1. No átrio do estabelecimento – Na entrada do estabelecimento hoteleiro, em local bem visível, devem estar afixadas instruções precisas relativas à conduta a seguir em caso de incêndio, pelo pessoal e pelo público, bem como uma planta do edifício, destinada a informar os bombeiros da localização:

a) Das escadas e caminhos de evacuação;

b) Dos meios de intervenção disponíveis;

c) Dos dispositivos de corte das instalações de distribuição de gás e de energia eléctrica;

d) Dos dispositivos de corte do sistema de ventilação;

184 | *Investimento Imobiliário e Turístico em Cabo Verde*

e) Do quadro geral do sistema de detecção e alarme;
f) Das instalações e locais que representem perigo particular.

9.2. Em cada piso – Se o estabelecimento ocupar dois ou mais pisos acima do solo, em todos eles deverá haver uma planta de orientação, simplificada, colocada perto dos acessos ao piso.

9.3. Em cada quarto:

9.3.1. Nos quartos devem ser colocadas, de forma bem visível, instruções precisas que indiquem o comportamento a seguir em caso de incêndio, traduzidas em várias línguas, tendo em conta a origem da clientela habitual do estabelecimento.

9.3.2. As instruções de segurança devem chamar a atenção para a proibição de se utilizarem os ascensores em caso de incêndio, com excepção dos reservados à evacuação dos deficientes motores.

9.3.3. Tais instruções devem estar acompanhadas de uma planta simplificada do andar, indicando esquematicamente a posição do quarto em relação aos caminhos de evacuação, às escadas e ou às saídas, assim como a localização dos meios de intervenção, alarme e alerta.

9.4. Os documentos referidos nos números anteriores (instruções de segurança e plantas de orientação) devem ser enviadas à Direcção-Geral do Turismo e ao Serviço Nacional de Bombeiros, para aprovação.

9.4.1. Tais documentos consideram-se aprovados se nenhuma das referidas entidades determinar a introdução de alterações nos quinze dias seguintes à sua recepção.

10. Formação do pessoal:

10.1. A direcção do estabelecimento hoteleiro deve assegurar que, em caso de incêndio, todo o pessoal do estabelecimento esteja em condições de:

a) Utilizar correctamente os meios de primeira intervenção e os sistemas de alarme e alerta;

b) Contribuir de forma eficaz para a evacuação de todos os ocupantes do estabelecimento;

10.2. Para os efeitos do estabelecido no número anterior, o pessoal de qualquer estabelecimento hoteleiro deverá participar, pelo menos duas vezes por ano, de forma compatível com as condições de exploração, sem sessões de instrução e treino de manuseamento dos meios de intervenção, alarme e alerta, bem como em exercício de evacuação do edifício, coordenados pelo Serviço Nacional de Bombeiros.

IV. Qualificação dos materiais e dos elementos de construção.

1. Materiais de construção:

1.1. O comportamento face ao fogo dos materiais de construção, considerado em termos do seu contributo para a origem e desenvolvimento de incêndio, caracteriza-se por um indicador, denominado "reacção ao fogo", que se avalia

Licenciamento de Estabelecimentos Hoteleiros | 185

pela natureza, importância e significado dos fenómenos observados em ensaios normalizados a que o material é, para o efeito, submetido.

1.2. A qualificação dos materiais, do ponto de vista da sua reacção ao fogo, compreende as cinco classes a seguir indicadas, a que correspondem, aproximadamente, os tipos de comportamentos também referidos:

Classe M0 – materiais não combustíveis;
Classe M1 – materiais não inflamáveis;
Classe M2 – materiais dificilmente inflamáveis;
Classe M3 – materiais moderadamente inflamáveis;
Classe M4 – materiais facilmente inflamáveis.

1.3. A atribuição da classe de reacção ao fogo deve ser efectuada com base em resultados de ensaios realizados de acordo com as normas caboverdianas aplicáveis ou, na falta destas, segundo especificações estabelecidas de acordo com as normas europeias ou outras equivalentes.

2. Elementos de construção:

2.1. O comportamento face ao fogo dos elementos de construção, considerado em termos da manutenção das funções que devem desempenhar, em caso de incêndio, caracteriza-se por um indicador denominado "resistência ao fogo", que se avalia, em geral, pelo tempo que decorre desde o início de um processo térmico normalizado a que o elemento é submetido até ao momento em que ele deixa de satisfazer determinadas exigências relacionadas com as referidas funções.

2.2. Para um elemento de construção a que se exija apenas a função de suporte (por exemplo, pilares e vigas) admite-se que esta função deixa de ser cumprida quando no decurso do processo térmico referido se considera esgotada a capacidade resistente do elemento sujeito às acções de dimensionamento (exigência de estabilidade). Nesse caso, o elemento é qualificável de "estável ao fogo", qualificação representada pelo símbolo EF, durante o tempo em que satisfaz tal exigência.

2.3. Para um elemento de construção a que se exija apenas a função de compartimentação (por exemplo, divisórias e portas) admite-se que esta função deixa de ser cumprida quando no decurso do processo térmico referido se verifica a emissão de chamas ou de gases inflamáveis pela face do elemento não exposta ao fogo, seja por atravessamento, seja por produção local devida a elevação da temperatura (exigência de estanquidade), ou quando no decurso do mesmo processo térmico se atingem certos limiares de temperatura na face do elemento não exposta ao fogo (exigência de isolamento térmico). Neste caso, quando se considera apenas a exigência de estanquidade, o elemento não é qualificado de "para-chamas" qualificação representada pelo símbolo PC, durante o tempo em que satisfaz tal exigência; quando se consideram as exigências de estanquidade e de isolamento térmico em simultâneo, o elemento é qualificado de "corta-fogo", qualificação representada pelo símbolo CF, durante o tempo em que satisfaz esta dupla exigência.

2.4. Para um elemento a que exijam simultaneamente funções de suporte e de compartimentação (por exemplo, pavimentos e paredes resistentes) admite-se

186 | *Investimento Imobiliário e Turístico em Cabo Verde*

que estas funções deixam de ser cumpridas quando no decurso do processo térmico referido deixam de ser satisfeitas, ou apenas as exigências de estabilidade e estanquidade, ou o conjunto das exigências de estabilidade, de estanquidade e de isolamento térmico, referidas nos números anteriores. Quando se consideram apenas as exigências de estabilidade e de estanquidade em simultâneo, o elemento é qualificado de "para-chamas", qualificação representada pelo símbolo PC, durante o tempo em que satisfaz esta dupla exigência; quando se consideram as exigências de estabilidade, e de estanquidade e de isolamento térmico em simultâneo, o elemento é qualificado de "corta-fogo", qualificação representada pelo símbolo CF, durante o tempo em que satisfaz esta tripla exigência.

2.5. A classificação dos elementos de construção, do ponto de vista da sua reacção ao fogo, compreende, para cada uma das três qualificações consideradas – estável ao fogo, pára-chamas e corta-fogo – oito classes, correspondentes aos escalões de tempo a seguir indicados, em minutos, pelo limite inferior de cada escalão: 15; 30; 45; 60; 90; 120; 180; 240; e 360.

2.6. A representação da classe de resistência ao fogo de um elemento de construção é constituída pela indicação do símbolo que designa a qualificação do elemento seguida da indicação do escalão do tempo em que é válida a qualificação atribuída (por exemplo, EF 60, PC 120 E CF 90).

2.7. A atribuição da classe de resistência ao fogo, quando não resulte do cumprimento de regras de dimensionamento ou de disposições construtivas definidas em regulamentação específica, deve ser efectuada com base em resultados de ensaios realizados de acordo com as normas caboverdianas aplicáveis ou, na falta destas, segundo especificações estabelecidas pelo Laboratório Nacional de Engenharia Civil (LNEC).

V. Normas e ensaios laboratoriais.

1. Os aparelhos, equipamentos e ensaios abrangidos pelo presente anexo devem obedecer às normas harmonizadas, normas portuguesas ou normas estrangeiras consideradas equivalentes pelo Instituo Português da Qualidade (IPQ).

2. Os ensaios efectuados pelos laboratórios de outros Estados deverão ser certificados pelo Laboratório de Engenharia Civil.

Visto e aprovado em Conselho de Ministros, *Carlos Veiga – João Higino do Rosário Silva – Úlpio Napoleão Fernandes.*

Promulgado em 26 de Fevereiro de 1994.

Publique-se.

O Presidente da República, ANTÓNIO MANUEL MASCARENHAS GOMES MONTEIRO.

Referendado em 1 de Março de 1994.

O Primeiro-Ministro, *Carlos Veiga.*

Licenciamento de Estabelecimentos Hoteleiros | 187

ANEXO III

Sinais normalizados a que se refere o n.º 2 do artigo 37.º

INVESTIMENTO EXTERNO

LEI N.º 89/IV/93
de 13 de Dezembro de 1993

Lei do Investimento Externo

Por mandato do Povo a Assembleia Nacional decreta, nos termos da alínea b) do artigo 186.º da Constituição, o seguinte:

CAPÍTULO I
Disposições Gerais

ARTIGO 1.º
(Objecto)

A presente lei estabelece as condições gerais da realização de investimentos externos em Cabo Verde, bem como os direitos, garantias e incentivos atribuídos no âmbito do investimento externo.

ARTIGO 2.º
(Âmbito de aplicação)

O presente diploma aplica-se aos investimentos externos directos realizados em qualquer sector de actividade económica e às situações jurídico-negociais que, neste âmbito, implicam o exercício da posse ou da exploração de empreendimentos de carácter económico.

ARTIGO 3.º
(Investimento externo)

1. Considera-se investimento externo toda a participação em actividades económicas realizada, nos termos da lei, com contribuições susceptíveis de avaliação pecuniária provenientes do exterior.

192 | *Investimento Imobiliário e Turístico em Cabo Verde*

2. Para efeitos do disposto no n.º 1, são havidas como contribuições provenientes do exterior:

a) A moeda livremente convertível transferida directamente do exterior ou depositada em instituições financeiras legalmente estabelecidas, em conformidade com as normas legais e regulamentares em vigor;

b) Os bens, serviços e direitos importados sem dispêndio de divisas para o País;

c) Os lucros e dividendos produzidos por um investimento externo e reinvestidos, nos termos da lei, na mesma ou noutra actividade económica.

3. O investimento externo pode consistir no seguinte:

a) criação de uma nova empresa em Cabo Verde, em nome individual ou em sociedade;

b) Criação de sucursais ou outra forma de representação de empresas legalmente constituídas no estrangeiro, nos termos e condições previstos na legislação cabo-verdiana aplicável;

c) Aquisição de activo de empresa já existente;

d) Aquisição de partes sociais ou aumento de participação social em empresa já constituída em Cabo Verde.

e) Contrato que implique o exercício da posse ou de exploração de empresas, estabelecimentos, complexos imobiliários e outras instalações ou equipamentos destinados ao exercício de actividades económicas;

f) Cessão de bens de equipamento em regime de "leasing" ou regimes equiparados, bem como em qualquer outro regime que implique a manutenção dos bens na propriedade do investidor ligado à entidade receptora por acto ou contrato no âmbito das alíneas anteriores;

g) Empréstimos ou prestações suplementares de capital realizados directamente por investidor externo às empresas em que participe, bem como quaisquer empréstimos ligados à participação nos lucros.

ARTIGO 4.º
(Investidor externo)

Considera-se investidor externo qualquer pessoa singular ou colec-1tiva, nacional ou estrangeira, que realize um investimento externo devidamente autorizado nos termos da lei.

ARTIGO 5.º
(Sujeição a autorização e registo)

1. São sujeitas a autorização prévia do Ministro responsável pela área do planeamento e a registo no Banco de Cabo Verde.

   a) A realização das operações de investimento externo, tal como definidas no número 3 do artigo 3.º;

   b) As revisões dos contratos abrangidos no âmbito da alínea e) do número 3 do artigo 3.º, sempre que impliquem a entrada de novos investidores externos como partes contratantes ou a alteração de condições financeiras em moldes não previstos no contrato inicial.

2. São igualmente sujeitas a registo no Banco de Cabo Verde a alienação de empresas, sucursais, outras formas de representação, bem como todas as alterações de participações sociais ou de contrato que constituem investimento externo nos termos do artigo 3.º, número 3.

3. São dispensados de autorização prévia referida no número 1:

   a) Os aumentos de participação social de investidores externos em empresas, sucursais ou outras formas de representação empresarial nas quais já anteriormente detivessem participações;

   b) As transacções de participações de empresas, sucursais ou outras formas de representação empresarial, quando realizadas entre investidores externos que já anteriormente detivessem participações nessas entidades;

   c) As operações compreendidas no âmbito da alínea g) do número 3 do artigo 3.º.

4. Porém as condições referentes a prazos e taxas de juro das operações referidas na alínea c) do número anterior, ficam sujeitas a prévia aprovação do Banco de Cabo Verde.

194 | *Investimento Imobiliário e Turístico em Cabo Verde*

Artigo 6.º
(Legislação aplicável)

1. O investimento externo subordina-se à presente lei, seus regulamentos e demais diplomas legais vigentes na República de Cabo Verde.

2. As actividades económicas com participação de investimento externo subordinam-se à forma jurídica e aos regimes estabelecidos na lei vigente na República de Cabo Verde e aplicável aos respectivos sectores de actividade, designadamente no que se refere às condições de acesso e exercício e aos incentivos aplicáveis.

Capítulo II
Das garantias

Artigo 7.º
(Não discriminação)

1. O Estado garante um tratamento justo e equitativo ao investidor externo e aos empreendimentos com participação de investimento externo.

2. Os investidores externos recebem, salvo o disposto no presente diploma, um tratamento idêntico ao dos restantes investidores, relativamente aos direitos e obrigações decorrentes da legislação cabo-verdiana.

3. Os investidores externos de nacionalidade não cabo-verdiana recebem todos o mesmo tratamento, sob reserva de disposições específicas contidas em tratados ou acordos firmados entre a República de Cabo Verde e outros Estados.

Artigo 8.º
(Segurança e protecção)

1. O Estado garante a segurança e a protecção dos bens e direitos compreendidos no âmbito do investimento externo, os quais não podem ser nacionalizados ou expropriados.

2. Exceptua-se do disposto no número anterior a expropriação, com fundamento em utilidade pública, nos termos da lei, a qual confere sempre ao investidor externo direito a justa indemnização, baseada no valor real e actual do investimento à data da declaração de utilidade pública.

3. O montante da indemnização a que se refere o n.º 2 antecedente é fixado por comum acordo entre o Governo e o investidor ou, na falta de acordo, segundo os procedimentos de arbitragem estabelecidos no artigo 17.º.

A indemnização a que se refere o n.º 2 é livremente transferível para o estrangeiro e será paga, com prontidão e sem demoras injustificadas, na moeda livremente convertível que for acordada entre o Governo e o investidor externo, vencendo juros, à taxa LIBOR, a 30 dias aplicável à moeda em causa, desde o dia da sua fixação até ao dia do seu efectivo pagamento.

ARTIGO 9.º

(Sobre a transferência de divisas)

1. É garantida a todo o investidor externo a transferência para o exterior, em moeda livremente convertível e à taxa de câmbio em vigor em Cabo Verde à data do pedido de transferência de todos os montantes a que tenha legalmente direito em consequência de operações de investimento externo devidamente registadas nos termos do artigo 6.º, designadamente os seguintes:

a) Dividendos e lucros que lhe sejam distribuídos em resultados dos investimentos externos que tenham efectuado;

b) Capitais provenientes da alienação, liquidação ou extinção de empresas, sucursais ou outras formas de representação ou de participação empresariais que constituam seu investimento externo, bem como dos provenientes da alienação de activos ligados à exploração dessas entidades que sejam da propriedade do investidor;

c) Quaisquer montantes que lhe sejam devidos em virtude de contratos que constituem investimento externo nos termos da alínea e) do número 3 do artigo 3.º;

d) Prestações referentes a amortizações e juros de operações financeiras que constituem investimento externo nos termos da alínea f) e g) do número 3 do artigo 3.º;

e) Rendimentos pessoais obtidos no exercício de funções de gestão ou administração no âmbito de actividades económicas em que participe como investidor externo.

196 | *Investimento Imobiliário e Turístico em Cabo Verde*

2. Uma vez cumpridas as obrigações fiscais relativas aos capitais a transferir e efectuados os registos das operações do investimento externo, em conformidade com o disposto no artigo 5.º, as transferências a que se refere o n.º 1 anterior serão efectuadas com prontidão e sem demoras injustificadas, dentro do prazo máximo de 30 dias a contar da data da entrega ao Banco de Cabo Verde do respectivo pedido ou da recepção de informações complementares, em conformidade com o número 6 do presente artigo, devidamente justificado.

3. Exceptua-se do disposto no número anterior, as transferências a que se refere a alínea b) do número 1 do presente artigo, sempre que o seu montante seja susceptível de causar perturbações graves na balança de pagamentos, caso em que o Governador do Banco de Cabo Verde poderá determinar excepcionalmente o seu escalonamento em remessas trimestrais, iguais e sucessivas, ao longo de um período que não poderá ultrapassar dois anos.

4. A partir do 31.º dia contado da entrega no Banco de Cabo Verde do pedido de transferência devidamente justificado, os montantes depositados a aguardar transferência em instituições financeiras legalmente estabelecidas no país vencem juros, à taxa LIBOR a 30 dias aplicável à moeda em causa, desde esse dia até à data de efectivação da transferência, sendo os juros vencidos transferíveis ao mesmo tempo que os capitais.

5. O Pagamento dos juros referidos no número anterior é da responsabilidade do Banco de Cabo Verde, excepto se as razões da não realização da transferência dentro do prazo nele referido forem imputáveis a outra entidade.

6. O Banco de Cabo Verde poderá recusar o pedido de transferência referido no número 1, sempre que:

a) Os montantes de pedido de transferência decorram de operações de investimento externo não registados nos termos da lei;

b) As declarações e os comprovativos apresentados forem falsos ou insuficientemente justificados.

ARTIGO 10.º
(Contas em divisas)

1. Os investidores externos poderão dispor de contas tituladas em moeda convertível, em instituições financeiras estabelecidas no País e

autorizadas por lei, através das quais podem realizar todas as operações.

2. As contas previstas no número anterior só podem ser movimentadas a crédito mediante transferências do exterior ou de outras contas em divisas existentes no país em instituições financeiras devidamente autorizadas nos termos da lei.

3. A abertura e movimentação das contas a que se refere o n.º 2 antecedente será regulamentada pelo Governo sob proposta do Banco de Cabo Verde.

ARTIGO 11.º

(Trabalhadores estrangeiros)

1. As actividades económicas com participação de investimento externo podem recrutar trabalhadores estrangeiros, nos termos da lei.

2. Os trabalhadores estrangeiros recrutados nos termos do número anterior gozam dos direitos e garantias seguintes:

- *a*) Livre transferência para o exterior dos rendimentos auferidos no âmbito do investimento externo;
- *b*) Benefícios e facilidades aduaneiras idênticos aos atribuídos nos termos do Decreto Lei n.º 39/88, de 28 de Maio.

3. O disposto no número anterior aplica-se também aos trabalhadores de nacionalidade cabo-verdiana que à data da sua contratação residam há mais de cinco anos no estrangeiro.

CAPÍTULO III

Dos incentivos ao investimento externo

ARTIGO 12.º

(Incentivos gerais)

As actividades económicas com participação de investimento externo beneficiam dos incentivos gerais previstos na legislação vigente e aplicáveis aos respectivos sectores de actividade.

ARTIGO 13.º
(Incentivos especiais)

1. São isentos de tributação os dividendos e lucros distribuídos ao investidor externo e originados em investimento externo autorizado nos termos do presente diploma, nos casos seguintes:

a) Durante um período de 5 anos contados a partir da data do registo do investimento;

b) Sempre que tenham sido reinvestidos, nos termos da lei, na mesma ou outra actividade económica em Cabo Verde.

2. São também isentos de tributação as amortizações e juros correspondentes a operações financeiras que constituem investimento externo nos termos das alíneas f) e g) do número 3 do artigo 3.º.

ARTIGO 14.º
(Estabilização do regime fiscal)

Decorrido o período de isenção previsto na alínea a) do artigo 13.º e nos casos em que não sejam abrangidos pelo disposto na alínea b) do mesmo artigo, os dividendos e lucros distribuídos ao investidor externo e originados em investimento externo, autorizados nos termos do presente diploma, serão tributados através de um imposto único à taxa de 10%, sem prejuízos de disposições mais favoráveis contidas em acordos firmados entre o Estado de Cabo Verde e o Estado de nacionalidade do investidor externo.

ARTIGO 15.º
(Limite dos incentivos)

1. Os incentivos previstos no artigo 13.º não se aplicam:

a) Aos investimentos externos em actividades económicas orientadas fundamentalmente para o mercado interno;

b) Aos investimentos externos no sector financeiro que serão objecto de uma legislação específica.

CAPÍTULO IV
Condições Especiais

ARTIGO 16.º
(Convenção de Estabelecimento)

1. Convenção de estabelecimento é o contrato escrito, celebrado por iniciativa do Governo, entre o Estado e um investidor externo, com vista ao exercício de uma determinada actividade económica em Cabo Verde.

2. A Convenção de estabelecimento define um regime excepcional, só podendo ser celebrada relativamente a actividades que, pela sua dimensão ou natureza, pelas suas implicações económicas, sociais, ecológicas ou tecnológicas ou por outras circunstâncias, se revelem de interesse excepcional no quadro da estratégia de desenvolvimento nacional ou recomendem a adopção de cláusulas, cautelas, garantias, ou condições especiais não incluídas no regime geral vigente.

3. A celebração de convenção de estabelecimento é autorizada por Resolução do Conselho de Ministros, que deverá indicar expressamente os elementos essenciais da actividade a que se refere, bem como as cláusulas, exigências, condições e incentivos especiais autorizados.

4. Às actividades económicas reguladas por convenção de estabelecimento são subsidiariamente aplicadas o regime comum estabelecido na legislação vigente relativo ao respectivo sector de actividade.

CAPÍTULO V
Resolução de Conflitos

ARTIGO 17.º
(Conciliação e arbitragem)

1. Os diferendos entre o Estado e o investidor externo referentes ao investimento externo, serão resolvidos por meio de conciliação e arbitragem, nos termos do presente artigo, se outra forma não for estabelecida em acordos internacionais subscritos por Cabo Verde ou convencionada por comum acordo das partes.

200 | *Investimento Imobiliário e Turístico em Cabo Verde*

2. O procedimento de arbitragem é instaurado por notificação escrita de uma das partes à outra, especificando:

a) O objecto do diferendo;
b) O modo de arbitragem proposto;
c) O nome do(s) árbitro(s).

3. A parte notificada deverá responder por escrito, no prazo de 30 dias, pronunciando-se expressamente sobre todos os pontos referidos no número 2 antecedente.

4. A arbitragem será realizada por um único árbitro, salvo se as partes tiverem acordado em fazê-lo por uma comissão arbitral e a constituírem efectivamente no prazo de 45 dias a contar da data da notificação prevista no número 2.

5. O árbitro único será escolhido por comum acordo das partes, podendo estas optar por solicitar a sua designação ao Conselho Superior de Magistratura ou quando o investidor externo não seja de nacionalidade cabo-verdiana, a um organismo internacional de arbitragem acordado entre eles.

6. Se no prazo de 90 dias a contar da data da notificação referida no número 2 não houver acordo quanto à designação do árbitro único, qualquer das partes poderá pedir a sua designação à Câmara do Comercio Internacional, com sede em Paris, ou quando o investidor seja de nacionalidade Caboverdiano, ao Conselho Superior da Magistratura.

7. O árbitro único ou o árbitro presidente designado pela Câmara do Comércio Internacional de Paris, nos termos do número antecedente, não poderá ser da mesma nacionalidade de nenhuma das partes envolvidas.

8. Na resolução de conflitos aplicar-se-á:

a) A Lei vigente da República de Cabo Verde;
b) Os acordos assinados entre Cabo Verde e o país de nacionalidade do investidor externo envolvido;
c) Subsidiariamente as normas internacionais aplicáveis.

9. A arbitragem será realizada em Cabo Verde, se outro local não for expressamente acordado entre as partes e a língua de arbitragem será, na falta de acordo em contrário das partes, o português.

10. A decisão arbitral é definitiva, não cabendo recurso.

Artigo 18.º
(Acordos Internacionais)

Os direitos e garantias concedidos aos investidores externos, nos termos da presente lei, são assegurados sem prejuízo dos resultantes de acordos celebrados entre a República de Cabo Verde, outros Estados e organizações internacionais.

Artigo 19.º
(Acordos já firmados)

Os acordos de cedência económica celebrados entre o Governo e investidores externos até à data da entrada em vigor da presente lei são válidos e mantêm-se em vigor como neles se contém.

Artigo 20.º
(Regulamentação)

1. O Governo estabelecerá, no prazo de 90 dias por decreto regulamentar, as normas regulamentares necessárias à execução do presente diploma.
2. Compete ao Ministro responsável pela área do planeamento promover a elaboração e aprovação dos regulamentos referidos no número anterior.

Capítulo VI
Disposições finais

Artigo 21.º
(Revogação)

São revogados a Lei n.º 49/III/89, de 13 de Julho de 1989, o Decreto-Lei n.º 110/89 de 30 de Dezembro e, em geral, todas as disposições legais que expressamente contrariem o disposto no presente diploma.

Artigo 22.º
(Entrada em vigor)

A presente lei entra em vigor 30 dias após a sua publicação.

Aprovada em 18 de Outubro de 1993

Publique-se

O Presidente da Assembleia Nacional, *Amilcar Fernandes Spencer Lopes*

Promulgado em 29 de Novembro de 1993

O Presidente da República, António Manuel Mascarenhas Gomes Monteiro

Assinada em 30 de Novembro de 1993

O Presidente da Assembleia Nacional, *Amilcar Fernandes Spencer Lopes*

DECRETO REGULAMENTAR N.º 1/94
de 03 de Janeiro de 1994

Regulamento da Lei do Investimento Externo

Convindo simplificar os processos de autorização e registo das operações de investimento externo, regulados actualmente pelo Decreto n.º 155/90, de 22 de Dezembro.

Nos termos do artigo 20.º da Lei n.º 89/IV/93, de 13 de Dezembro.
No uso da faculdade conferida pela alínea b) do artigo 217.º da Constituição, o Governo decreta o seguinte:

CAPÍTULO I
Do objecto do diploma

ARTIGO 1.º
(Âmbito de aplicação)

O presente diploma regulamenta os processos de autorização para a realização de investimentos externos e para a organização do respectivo registo, previstos pelo artigo 5.º da Lei n.º 89/IV/93 de 13 de Dezembro.

Capítulo II
Da autorização para realização de investimento externo

Artigo 2.º
(Pedido de autorização)

1. O pedido de autorização para a realização das operações do investimento externo referidas no artigo 3.º, n.º 3 da Lei n.º 89/IV/93, é feito ao Ministro responsável pela área do Planeamento, em três exemplares do impresso que constitui o anexo 1 a este diploma e que dele faz parte integrante, devidamente preenchido e documentado de acordo com as instruções que dele constam.

2. Sempre que as operações de investimento externo implicam a criação, expansão ou modificação substancial de actividades económicas, o pedido a que se refere o número anterior será acompanhado de três exemplares do impresso do modelo que constitui o anexo 2 a este diploma e que dele faz parte integrante, devidamente preenchido e documentado de acordo com as instruções que dele constam.

3. Os documentos a que se referem os números anteriores são entregues no Centro de Promoção do Investimento e das Exportações, em mão ou através de carta registada, com aviso de recepção, directamente pelo requerente ou por um seu mandatário devidamente credenciado de procuração, carta, telex ou telefax.

Artigo 3.º
(Prazo para a resposta)

Salvo no caso referido no n.º 3 do artigo 4.º, o investidor externo que solicitar a autorização para a realização do investimento externo deverá receber uma resposta no prazo máximo de 30 dias, a contar da data da recepção do pedido pelo Centro de Promoção do Investimento e das Exportações. Se não receber resposta dentro do prazo referido, considera-se deferido o pedido.

ARTIGO 4.º
(Tramitação)

1. Centro de Promoção do Investimento e das Exportações promoverá, o mais urgente possível a sua avaliação, organizando e remetendo o dossier, para efeitos de parecer, à Comissão de Avaliação do Investimento Externo e das Empresas Francas, criada pela Resolução do Conselho de Ministros n.º 43/93 de 30 de Agosto e rectificado no Boletim Oficial n.º49/93, I Série, de 27 de Dezembro.

2. A Comissão de Avaliação do Investimento Externo e das Empresa Francas deverá enviar ao Ministro, o seu parecer, acompanhado de todo o processo, num prazo máximo de 15 dias contado da data da recepção do processo pelo Centro de Promoção de Investimentos e das Exportações.

3. A Comissão de Avaliação do Investimento Externo e das Empresas Francas poderá, sempre que necessário, solicitar ao investidor externo elementos ou informações complementares.

4. No caso previsto no número anterior, suspende-se o prazo referenciado no artigo 3.º, o qual recomeçará a correr após prestação por parte do investidor ou do seu mandatário das informações pedidas.

5. Sempre que o pedido de autorização de investimento externo se refira a operações que não estejam associadas a projectos de criação, expansão ou modificação substancial de actividades económicas, o Centro de Promoção de Investimentos e das Exportações envia directamente ao Ministro responsável pela área do Planeamento, para efeitos de deliberação, cópia integral do processo, acompanhado do seu parecer.

ARTIGO 5.º
(Deliberação)

1. O Ministro delibera e promove a emissão e o envio, através do Centro de Promoção do Investimento e das Exportações, ao requerente ou ao seu mandatário, do certificado de investidor externo que constitui o anexo 3 a este diploma e que dele faz parte integrante, no prazo máximo de 15 dias contado da data da recepção do processo.

2. Cópia do certificado a que se refere o número anterior é enviada ao centro de Promoção do Investimento e das Exportações, Banco de

Investimento Imobiliário e Turístico em Cabo Verde

Cabo Verde e ao departamento governamental directamente ligado ao sector em que o investimento externo se realizará.

ARTIGO 6.º
(Efeitos de autorização)

1. O certificado constitui documento suficiente para comprovar junto de quaisquer entidades nacionais o direito do seu titular a:

a) Realizar todos os actos e contratos necessários à efectivação das operações autorizadas, nos termos legais e regulamentares aos mesmos aplicáveis;

b) Beneficiar, relativamente às actividades abrangidas pelas operações autorizadas, dos direitos, garantias e incentivos previstos na Lei n.º 89/IV/93, de 13 de Dezembro.

2. Sempre que as operações autorizadas estejam associadas a projectos de criação, expansão ou modificação substancial de actividades económicas, o certificado constitui autorização suficiente para a realização dos mesmos, dentro do respeito pelas normas legais e regulamentares em vigor nos respectivos sectores de actividade.

ARTIGO 7.º
(Fundamento para indeferimento)

1. Os pedidos de autorização para a realização de investimento externo apenas podem ser indeferidos com fundamento em:

a) Não autorização dos projectos de criação ou expansão de actividades económicas a que os mesmos se referem, nos termos da legislação em vigor nos respectivos sectores de actividade;

b) Violação dos princípios fundamentais da ordem pública cabo-verdiana ou de compromissos internacionais do Estado de Cabo Verde.

c) Perigo para a segurança nacional, para saúde pública, para o equilíbrio ecológico ou para o património arqueológico, histórico cultural ou paisagístico, natural ou edificado;

d) Efeitos negativos potenciais ou insuficiente contribuição para os objectivos de desenvolvimento económico do País, tendo em conta os princípios estabelecidos no Plano Nacional de Desenvolvimento;

e) Presunção fundamentada de que os projectos de criação, expansão ou modificação substancial de actividades económicas a que o pedido de autorização se refere possam constituir uma sobrecarga incomportável para as infraestruturas ou serviços gerais existentes ou previstos, salvo se o requerente garantir, através de protocolo a celebrar com o Governo, o financiamento dos encargos correspondentes à instalação ou reforço dos mesmos e ao seu funcionamento por um período mínimo de 5 anos;

f) Manifesta inidoneidade ou falta de capacidade técnica ou financeira dos investidores para realizarem as operações a que os pedidos de autorização se referem,

g) Falsas declarações

2. Para efeitos do disposto na alínea d) do número anterior, as operações de investimento externo e os projectos de criação, expansão ou modificação substancial de actividades económicas a que as mesmas se referem são avaliadas mediante a verificação global ou parcial, entre outros, dos critérios seguintes:

a) Volume de investimento;

b) Valor acrescentado nacional;

c) Criação de novos empregos e valorização dos recursos humanos e serviços nacionais;

d) Valorização dos recursos naturais e utilização dos bens e serviços nacionais;

e) Saldo potencial de divisas para o País;

f) Localização, atendendo os planos de desenvolvimento regionais;

g) Transferência de know how.

3. O indeferimento de pedidos de autorização para a realização de investimento externo será comunicado ao requerente ou ao seu mandatário através de carta registada, com aviso de recepção, expedida dentro do prazo referido no artigo 5.º, a qual conterá sempre justificado dos motivos que determinam o indeferimento.

208 | *Investimento Imobiliário e Turístico em Cabo Verde*

Artigo 8.º
(Efeitos do indeferimento)

1. O indeferimento dos pedidos de autorização de investimento externo implica a proibição das operações constantes dos mesmos, sem prejuízo do direito de interposição de recursos nos termos legais.

2. Qualquer pedido indeferido poderá ser renovado nos termos do artigo 2, ficando o investidor ou o seu mandatário dispensado da apresentação dos elementos ou documentos que não sofreram alterações e cabendo-lhe apenas fazer prova da eliminação das causas que determinaram o indeferimento.

Artigo 9.º
(Caducidade da autorização)

1. A não realização das operações autorizadas dentro do prazo ou nas condições constantes no certificado determina automaticamente a caducidade da autorização.

2. A autorização pode ser renovada por despacho do Ministro responsável pela área do planeamento, mediante requerimento fundamentado do seu titular demonstrando que o não cumprimento dos prazos ou condições referidos se deve a motivos ponderosos e independentemente da sua vontade.

Artigo 10.º
(Anulação da autorização)

1. Sem prejuízo de outras sanções previstas na lei, a autorização conferida pelo certificado pode ser anulada por despacho do Ministro responsável pela área do planeamento, nos casos seguintes:

   a) Sempre que se verifique posteriormente serem falsas as informações prestadas pelo requerente ou pelo seu mandatário no processo de autorização;

   b) Sempre que os elementos inscritos no certificado tenham sido alterados por uma actuação do seu titular ou de terceiros com o seu consentimento.

2. Do despacho da anulação a que se refere o número anterior cabe recurso, nos termos da lei.

ARTIGO 11.º
(Comunicações)

As decisões de renovação da autorização de investimentos externos nos termos do número 2 do artigo 8.º e a sua anulação nos termos do artigo anterior, serão de imediato comunicadas pelo Ministério responsável pela área do planeamento ao Banco de Cabo Verde, ao Centro de Promoção de Investimento e das Exportações e aos departamentos governamentais responsáveis pelos sectores de actividade em que se inserem as entidades a que as mesmas respeitam.

CAPÍTULO III
Do registo do investimento externo

ARTIGO 12.º
(Registo)

1. O registo de realização ou alienação de investimento externo a que se refere o artigo 5.º da Lei n·º89/IV/93, de 13 de Dezembro, é feito mediante a entrega nos serviços competentes do Banco de Cabo Verde de três exemplares de impresso do modelo que constitui o anexo 4 a este diploma e que dele faz parte integrante, devidamente preenchido e documentado de acordo com as instruções que dele constam.

2. O impresso de registo pode ser entregue em mão nos serviços referidos no número 1 ou a eles enviado através de carta registada, com aviso de recepção, dentro do prazo máximo de trinta dias a contar da data de efectivação da operação a que o mesmo se refere.

ARTIGO 13.º
(Organização do registo)

1. O Banco de Cabo Verde organizará para cada investidor externo, um processo de registo contendo os elementos suficientes para caracterizar o investidor e os seus investimentos externos em Cabo Verde e acompanhar a respectiva evolução.

2. O Processo de registo compreenderá:

a) Relação de todas as operações de investimento externo, bem como dos respectivos desinvestimentos, realizados pelo investidor externo, com indicação da natureza de cada operação e da modalidade e valor da mesma, nos termos do artigo 5.º da Lei n.º 89/ /IV/93 de 13 de Dezembro;

b) Cópias dos certificados de autorização em seu nome emitidos, bem como dos despachos de renovação e anulação que sobre os mesmos tenham recaído;

c) Documentos comprovativos da efectiva realização das operações de investimento externo registadas;

d) Relação dos movimentos cambiais associados a cada uma das operações de investimento externo registadas.

CAPÍTULO IV
Disposições finais

ARTIGO 14.º
(Investimentos externos já existentes)

Os investimentos externos já existentes à data da entrada em vigor do presente diploma devem ser registados no Banco de abo Verde dentro do prazo de 120 dias a contar dessa data.

ARTIGO 15.º
(Alteração dos formulários)

Os formulários que constituem os anexos 1, 2, e 3 e 4 do presente diploma podem ser alterados por portaria do Ministro responsável pela área do planeamento.

ARTIGO 16.º
(Autorização única)

A realização das operações previstas no número 1 do artigo 2.º não carece de nenhuma outra autorização que não seja a prevista neste diploma.

ARTIGO 17.º
(Revogação)

É revogado o Decreto n.º 155/90, de 22 de Dezembro, bem como todas as outras disposições legais que expressamente contrariem o disposto no presente diploma.

ARTIGO 18.º
(Derrogação)

São derrogados, quanto às matérias reguladas no presente diploma os artigos 5.º, 6.º 7.º, 8.º 9.º e 10.º do Decreto-lei n.º 108/89, de 30 de Dezembro.

ARTIGO 19.º
(Entrada em vigor)

O presente diploma entra imediatamente em vigor.

Visto e aprovado em conselho de Ministros, *Carlos Veiga – José Tomás Veiga – Úlpio Napoleão Fernandes*

Promulgado em 23 de Dezembro de 1993

Publique-se,

O Presidente da República, ANTÓNIO MANUEL MASCARENHAS GOMES MONTEIRO

Referendado em 23 de Dezembro de 1993 O Primeiro Ministro, *Carlos Veiga*

DECRETO REGULAMENTAR N.º 12/2009
de 20 de Julho

Estatutos Da Cabo Verde Investimentos – CI

Agência Cabo-verdiana da Promoção de Investimentos e Exportação

CAPÍTULO I
Natureza, regime, sede e capital

ARTIGO 1.º
(Natureza)

1. A CABO VERDE INVESTIMENTOS, Agência Cabo-verdiana da Promoção de Investimentos e Exportação, adiante designada por Cl, é pessoa colectiva de direito público com natureza institucional, dotada de autonomia administrativa, financeira e patrimonial.

2. A Cl utiliza a denominação de CABO VERDE INVESTIMEN-TOS, que pode ser objecto de tradução ou de adaptação, para fins de promoção no estrangeiro.

3. Cl fica sujeita à superintendência do Ministro da Economia.

ARTIGO 2.º
(Regime)

1. A Cl rege-se pelos presentes estatutos, pelos seus regulamentos internos e, subsidiariamente, pelo regime jurídico dos institutos públicos.

2. A Cl está sujeita às normas de direito privado nas suas relações com terceiros.

ARTIGO 3.º
(Sede e delegações)

A CI tem sede na cidade da Praia, podendo criar delegações ou formas de representação em território nacional e no estrangeiro

CAPÍTULO II
Objecto e atribuições

ARTIGO 4.º
(Objecto)

A CI tem por objecto:

a) A promoção activa de condições propícias à realização de projectos de investimento, de origem nacional e estrangeira;

b) A promoção de Cabo Verde como destino de turismo e de investimento turístico; e

c) A promoção do incremento do comércio de bens e serviços de origem cabo-verdiana.

ARTIGO 5.º
(Competência no âmbito da promoção do investimento)

1. Compete, designadamente, à CI, no âmbito da promoção do investimento:

a) Contribuir para um contexto de eficiência e de competitividade propício e adequado ao investimento em Cabo Verde, mediante, designadamente, a recomendação de políticas de redução de custos de contexto, da responsabilidade da Administração Pública;

b) Promover estudos sobre as condições de investimento e propor ao Governo as medidas que considerar adequadas;

c) Promover estudos de mercado externo com vista à detecção de oportunidades de investimento;

d) Desenvolver acções de promoção do país no exterior, designadamente preparando materiais promocionais para informação dos investidores e divulgação das potencialidades do investimento em Cabo Verde;

e) Promover a constituição de base de dados sobre oportunidades de investimento;

f) Organizar e promover, em coordenação com outros organismos e entidades interessados, a participação nacional em congressos, colóquios e outras realizações, no âmbito da promoção do investimento;

g) Recolher, tratar e difundir informações, no âmbito da promoção do investimento;

h) Identificar, estudar e propor a adopção de medidas económicas, legais, administrativas e financeiras ou alterações da legislação e regulamentação em vigor, quando tal se revele necessário ou conveniente para permitir ou facilitar a promoção do investimento;

i) Sensibilizar os serviços da administração pública no sentido de facilitar e agilizar os procedimentos relativos à promoção do investimento;

j) Desenvolver, em coordenação com a Direcção Geral do Turismo, acções de acompanhamento e verificação, no terreno, dos processos de implementação e exploração prática dos projectos de investimento externo autorizados;

k) Negociar e assinar cartas e acordos de intenção com investidores externos, nos termos expressamente autorizados pela entidade de superintendência; e

l) Assegurar a coordenação da administração dos sistemas de incentivos ou estímulos ao inves-timento aplicáveis, nos termos da legislação em vigor.

2. Para efeitos do disposto na alínea a) do n.º 1, a Cl pode promover diligências adequadas junto dos serviços da administração pública central e local, de institutos públicos, de empresas públicas ou de quaisquer outras entidades equiparadas.

3. Para a concretização do disposto no número anterior, a Cl pode dirigir, com actualidade, pertinência e proporcionalidade, exposições às entidades públicas, assinalando a existência de custos de contexto anti competitivos, procurando identificar as respectivas causas e propondo soluções no sentido da sua eliminação.

4. A Cl tem o dever de propor melhorias e inovações dos sistemas vigentes de incentivos, em função da avaliação que faça da sua aplicação

216 | *Investimento Imobiliário e Turístico em Cabo Verde*

e do permanente confronto dos mesmos com as melhores práticas de países concorrentes.

ARTIGO 6.º

**(Competência no âmbito da promoção do turismo
e do investimento turístico)**

Compete, designadamente, à CI, no âmbito da promoção do turismo e do investimento turístico:

a) Promover a oferta turística nacional e o produto turístico cabo-verdiano, junto a mercados potenciais;

b) Recolher, tratar e divulgar as oportunidades de negócio para os operadores turísticos e estudar e acompanhar a evolução dos destinos turísticos concorrentes de Cabo Verde;

c) Promover e apoiar acções de informação nas diversas áreas do turismo;

d) Colaborar com organismos governamentais no estudo e definição de medidas que se mostrem necessárias à promoção do turismo;

e) Desenvolver acções de promoção do país no exterior, designadamente preparando materiais promocionais para informação e divulgação das potencialidades turísticas de Cabo Verde;

f) Organizar e promover, em coordenação com os operadores turísticos nacionais, a participação nacional em exposições, congressos, colóquios e outras realizações, no âmbito da promoção do turismo; e

g) Prestar assistência e apoiar todas as entidades públicas e privadas interessadas na promoção do turismo.

ARTIGO 7.º

**(Competência no âmbito da promoção
do comércio de bens e serviços)**

Compete, designadamente, à CI, no âmbito da promoção do comércio de bens e serviços:

a) Colaborar com organismos governamentais no estudo e definição de medidas que se mostrarem necessárias à promoção das exportações de bens e serviços;

Investimento Externo | 217

b) Promover estudos sobre as condições das exportações e propor ao Governo as medidas que considerar adequadas

c) Promover estudos de mercados externos com vista à detecção de oportunidades de promoção das exportações de bens e serviços;

d) Promover a constituição de base de dados sobre o mercado de exportação;

e) Organizar e promover, em coordenação com outros organismos e entidades interessados, a participação nacional em exposições, congressos, colóquios e outras realizações no âmbito da exportação de bens e serviços;

f) Apoiar o empresariado nacional interessado em produzir bens e serviços para exportação, prestando-lhes informações sobre as condições dos mercados externos e concursos internacionais, facilitando contactos com parceiros externos e propiciando a constituição de *"joint ventures"*, participando em estudos, projectos e outras acções promovidos por este empresariado e que se mostrem necessários à promoção da exportação de bens e serviços;

g) Recolher, tratar e difundir informações no âmbito da exportação de bens e serviços;

h) Sensibilizar os serviços da administração pública no sentido de facilitar e agilizar os procedimentos relativos à exportação;

i) Promover acções de formação dos operadores nacionais, bem como realizar conferências, colóquios e outras iniciativas que conduzam à melhoria da capacidade exportadora; e

j) Identificar, estudar e propor a adopção de medidas económicas, legais, administrativas e financeiras ou alterações de legislação e regulamentação em vigor, quando tal se revele necessário ou conveniente para permitir ou facilitar a promoção das exportações de bens e serviços.

ARTIGO 8.º
(Competência no âmbito da gestão das Zonas Turísticas Especiais)

1. A competência para a gestão das Zonas Turísticas Especiais é a definida pelo Decreto Legislativo n.º 1/2005 de 31 de Janeiro.

218 | *Investimento Imobiliário e Turístico em Cabo Verde*

2. Para efeitos do disposto no número anterior, é, desde já, instalado o Gabinete das Zonas Turísticas Especiais (GZTE), na dependência directa do Conselho de Administração.

3. A organização e funcionamento do GZTE são objecto de regulamento específico a ser aprovado pela entidade de superintendência.

ARTIGO 9.º

(Capital de risco e de desenvolvimento)

1. A Cl pode promover a intervenção do capital de risco e de desenvolvimento, de origem pública, vocacionado para financiar projectos.

2. A Cl pode promover parcerias e alianças entre fundos e sociedades de capital de risco, nacionais ou estrangeiros, com vista a reforçar os instrumentos de actuação na área do capital de risco e do capital de desenvolvimento

ARTIGO 10.º

(Participação em Empresas)

1. A CI, previamente autorizada pela entidade de superintendência, pode participar no capital de empresas, promover ou participar em outras formas de associações que tenham por objecto o fortalecimento, modernização e aumento da sua competitividade, a promoção de Cabo Verde como destino turístico, o investimento, a internacionalização dessas empresas e dos operadores económicos nacionais.

2. A CI pode participar em entidades especializadas na gestão de parques empresariais ou em sociedades gestoras de áreas de localização empresarial, de modo a dispor de instrumentos que facilitem a disponibilização de espaços infra-estruturados para a implantação física de investimentos.

ARTIGO 11.º

(Colaboração e cooperação
com outros organismos e entidades)

1. A CI pode solicitar esclarecimentos necessários, e os órgãos e agentes devem colaborar na prestação de esclarecimentos, bem como prestar a cooperação necessária à realização do seu objecto.

2. A CI deve dar conhecimento às instâncias adequadas, dos casos bem sucedidos e que mereçam proposta de generalização, bem como do eventual incumprimento dos deveres de esclarecer, informar e cooperar, previstos no número anterior.

3. A CI deve colaborar com departamentos oficiais, nomeadamente, a Agência para o Desenvolvimento Empresarial e Inovação (ADEI), a Direcção Geral do Turismo e as sociedades de desenvolvimento regional e turístico, com incidência na promoção do turismo, do investimento e das exportações e de apoio ao empresariado, participando, sempre que necessário, nas reuniões mistas previstas.

4. A CI deve estabelecer relações com entidades estrangeiras congéneres e outras que se revelarem necessárias à prossecução do seu objecto.

5. A CI deve manter uma colaboração intensa e privilegiada com a ADEI, tendo em vista a troca de informações, e deve propor e informar sobre as oportunidades de investimento e as necessidades em produtos e serviços para o desenvolvimento das actividades das empresas.

ARTIGO 12.º

(Relatórios)

1. A CI publica relatórios periódicos sobre o contexto cabo-verdiano do investimento, incluindo, entre outras matérias, avaliações de impactes de medidas tomadas, e da ausência delas, e análises comparativas a nível internacional de custos específicos de contexto.

2. A CI divulga no seu relatório periódico os resultados obtidos no âmbito das diligências efectuadas nos termos dos nºs 2 e 3 do artigo 5.º.

ARTIGO 13.º

(Interlocutor único do investidor)

1. Compete à CI funcionar como interlocutor único do investidor, representando todas as entidades administrativas envolvidas, sem prejuízo das respectivas competências próprias.

2. Enquanto interlocutor único do investidor, a CI funciona como serviço centralizado e articulado com os departamentos sectoriais no apoio ao investidor, na promoção às exportações, no seguimento e avaliação da implementação dos projectos de investimento aprovados e outras actividades afins.

220 | *Investimento Imobiliário e Turístico em Cabo Verde*

3. As atribuições e funcionamento do respectivo serviço são objecto de regulamento próprio aprovado pelo Conselho de Administração e homologado pela entidade de superintendência.

ARTIGO 14.º
(Apoio e Assistência)

1. O apoio e a assistência da CI, previstos na alínea g) do artigo 6.º, podem revestir o carácter de ajuda técnica ou financeira e serem condicionados ao cumprimento, por parte das entidades ou empresas beneficiárias, de determinadas obrigações.

2. A CI pode conceder subsídios destinados a:

a) Realização de festivais, feiras, seminários, exposições ou manifestações culturais de reconhecido interesse turístico;
b) Realização de acções de promoção integrados nos seus planos;
c) Produção e execução de material destinado à promoção turística do país que corresponda aos objectivos definidos; e
d) Participação em manifestações destinadas à divulgação e promoção da oferta turística cabo-verdiana incluídas no seu plano de actividades.

3. Os subsídios referidos no número anterior podem ser concedidos a fundo perdido ou reembolsados, no todo ou em parte.

4. A CI pode realizar no estrangeiro, e com carácter oficial, acções ou manifestações destinadas à promoção turística ou de investimento.

5. As campanhas de promoção do turismo no estrangeiro, feitas com o dispêndio de dinheiros públicos ou do sector público, devem realizar--se sob coordenação da CI, a quem compete o acompanhamento da sua execução e a avaliação do respectivo impacto, em estreita coordenação com as entidades públicas promotoras, para além da emissão de um parecer vinculativo na fase de concepção, negociação, decisão e implementação das campanhas.

ARTIGO 15.º
(Execução das atribuições da CI)

1. Os contratos de investimento são o instrumento preferencial de actuação da CI, no âmbito dos grandes projectos de investimento.

2. Dos contratos de investimento constam obrigatoriamente os seguintes elementos:

a) A fundamentada explicitação do interesse do projecto para a economia nacional;

b) A calendarização dos objectivos e das metas do projecto, respeitantes às variáveis mais relevantes para o mérito do investimento, quer na óptica do investidor quer na óptica da economia cabo-verdiana;

c) O acompanhamento e verificação pela Cl do cumprimento contratual, em particular nas fases de investimento e de produção, dos projectos de investimento; e

d) *As* implicações do incumprimento contratual por razões imputáveis a cada uma das partes.

Capítulo III
Órgãos e Serviços

Secção I

Artigo 16.º
(Enumeração)

1. São órgãos da Cl:

a) O Presidente;
b) O Conselho de Administração;
c) O Conselho Geral; e
d) O Conselho Fiscal.

2. O mandato dos órgãos da Cl tem duração de 3 (três) anos.

222 | *Investimento Imobiliário e Turístico em Cabo Verde*

Subsecção I
Presidente

Artigo 17.º
(Nomeação, substituição e mandato)

1. O presidente da Cl é nomeado por despacho do Primeiro-Ministro, mediante proposta da entidade de superintendência, de entre pessoas de formação superior com mais de 10 (dez) anos de experiência profissional relevante para o desempenho do objecto cometido à CI.

2. O Presidente da Cl é coadjuvado e substituído, nas suas ausências e impedimentos, por um dos Administradores indigitados pela entidade de superintendência, sob proposta do Presidente.

3. O Presidente da Cl é nomeado em comissão de serviço, por um período de 3 (três) anos, ou mediante contrato de gestão.

Artigo 18.º
(Natureza e competência)

1. O Presidente é o órgão executivo singular da CI.

2. Compete ao Presidente dirigir as Actividades da Cl e, em especial:

a) Representar a Cl em juízo e fora dele, activa e passivamente, podendo transigir e confessar em quaisquer litígios e comprometer-se com árbitros;

b) Dirigir a actividade da Cl, interna e externamente, com vista à realização do seu objecto;

c) Assegurar as relações com o Governo, através da entidade de superintendência;

d) Despachar os assuntos no âmbito das atribuições da Cl que não careçam de aprovação superior ou que não sejam da competência reservada aos outros órgãos;

e) Submeter, devidamente informados ou instruídos, a despacho da entidade de superintendência, os assuntos que careçam de aprovação;

f) Exercer a gestão do pessoal e a respectiva acção disciplinar;

g) Promover a elaboração dos instrumentos de gestão previsional e os documentos de prestação de contas; e *h*) Preparar e executar as decisões da entidade de superintendência, bem como as recomendações do Conselho Geral e as deliberações do Conselho de Administração.

3. Compete, ainda, ao Presidente da Cl:

a) Propor ao Conselho de Administração a abertura e encerramento, no país ou no estrangeiro, de delegações ou outras formas de representação da Cl;

b) Propor ao Conselho de Administração a aceitação pela Cl de heranças, legados e doações feitas ao mesmo;

c) Promover a elaboração do orçamento e contas de gerência, bem como os planos de acção e o relatório de actividades e submetê--los à apreciação e aprovação do Conselho de Administração;

d) Celebrar, ao nível correspondente e nos termos dos presentes estatutos, os acordos de cooperação que se mostrarem necessários à prossecução dos objectivos da CI. Os acordos celebrados nos termos da presente alínea devem, sob pena de invalidade, ser homologados pelo Conselho de Administração, na primeira reunião a seguir à assinatura dos mesmos; e

e) Praticar o mais que lhe for cometido por lei ou pelos restantes órgãos.

4. O Presidente pode delegar o exercício de qualquer das suas competências nos Administradores, devendo especificar sempre os poderes e as matérias abrangidas na delegação.

5. Por razões de urgência, devidamente fundamentadas, o Presidente, ou quem o substituir nas suas ausências e impedimentos, pode praticar quaisquer actos da competência do Conselho de Administração, os quais deverão, no entanto, ser sujeitos a ratificação pelo Conselho de Administração, na primeira reunião realizada após a prática do acto.

6. Caso os actos praticados nos termos do número anterior não forem ratificados num prazo máximo de dez dias são os mesmos considerados inexistentes, não produzindo qualquer efeito.

Artigo 19.º
(Veto)

1. O Presidente poderá opor o seu veto às deliberações do Conselho de Administração em que seja vencido, quando as repute contrárias à lei, aos presentes estatutos ou aos interesses do Estado.

2. As deliberações vetadas ficaram suspensas até à decisão da entidade de superintendência.

3. Se no prazo de 8 (oito) dias nenhuma decisão for comunicada ao Conselho de Administração, o veto é considerado nulo, para todos os efeitos, permanecendo a decisão do Conselho da Administração.

SUBSECÇÃO II
Conselho de Administração

Artigo 20.º
(Natureza e composição)

1. O Conselho de Administração é o órgão executivo colegial da CI.

2. O Conselho de Administração é composto pelo presidente e por 2 (dois) ou 4 (quatro) administradores, executivos ou não.

Artigo 21.º
(Nomeação e estatuto)

1. Os Administradores são nomeados por despacho do Primeiro--Ministro, sob proposta da entidade de superintendência, nos termos da lei.

2. Os Administradores são nomeados em comissão de serviço por um período de 3 (três) anos, ou mediante contrato de gestão, continuando, porém, em exercício de funções até à efectiva substituição ou declaração de cessação de funções.

3. Os Administradores exercem as suas funções por áreas, pelouros ou departamentos, segundo as áreas de competências da CI enumeradas nos presentes Estatutos, devendo a distribuição de tarefas ser estabelecida na primeira reunião ordinária do Conselho de Administração.

ARTIGO 22.º
(Competências do Conselho de Administração)

1. São da competência reservada do Conselho de Administração as atribuições enumeradas nos artigos 5..º a 8..º dos presentes Estatutos.

2. Compete ainda ao Conselho de Administração, designadamente:

a) Aprovar os instrumentos estratégicos e de gestão provisional, bem como os documentos de prestação de contas;

b) Dar execução aos regulamentos internos e apreciar as recomendações do Conselho Geral;

c) Aprovar o quadro e o plano de cargos e salários do pessoal, bem como a estrutura orgânica, a competência e o regime de funcionamento dos serviços da CI;

d) Gerir o património da CI, podendo adquirir, onerar, e alienar os bens móveis, dependendo para tal de prévia autorização da entidade de superintendência, e os imóveis que dele fazem parte;

e) Pronunciar-se sobre a aceitação de heranças, legados e doações;

f) Arrecadar receitas e autorizar despesas;

g) Propor à entidade de superintendência a abertura e o encerramento de delegações ou outras formas de representação;

h) Submeter à aprovação da entidade de superintendência a participação da CI no capital de empresas, bem como a sua associação com terceiros;

i) Constituir mandatários e designar representantes junto de outras entidades ou organismos;

j) Gerir e praticar os demais actos relativos às atribuições da CI que, estatutariamente, não sejam da competência reservada a outros órgãos; e

k) Aprovar o seu regimento.

3. Em caso de impedimento de um dos administradores, o Conselho de Administração indigita um dos seus membros para acumular transitoriamente as funções do impedido, por um período nunca superior a seis meses.

ARTIGO 23.º
(Funcionamento)

1. O Conselho de Administração reúne-se ordinariamente uma vez por semana e, extraordinariamente, por convocatória do Presidente ou a solicitação da maioria dos seus membros.

2. O Conselho de Administração reúne-se onde a prossecução dos objectivos da CI o exigir.

3. O Conselho de Administração só pode deliberar validamente com a presença da maioria dos seus membros, sob a direcção do Presidente ou de quem as suas vezes fizer.

4. As deliberações do Conselho de Administração são tomadas por maioria absoluta, tendo o seu Presidente ou quem o substitua, voto de qualidade.

5. Das reuniões do Conselho de Administração são lavradas actas, por pessoal designado para o efeito, e delas consta a identificação dos presentes, a referência aos assuntos tratados e as deliberações tomadas, com a indicação das votações e das declarações de voto proferidas.

ARTIGO 24.º
(Responsabilidade dos Membros)

1. Os membros do Conselho de Administração são solidariamente responsáveis pelos actos praticados no exercício das suas funções.

2. São isentos de responsabilidade os membros que, tendo estado presentes na reunião em que foi tomada a deliberação, tiverem manifestado o seu desacordo, em declaração registada em acta, bem como os membros ausentes que tenham declarado por escrito o seu desacordo, que igualmente será registado em acta.

ARTIGO 25.º
(Incompatibilidades e impedimentos)

1. Os membros executivos do Conselho de Administração não podem exercer qualquer outra função pública ou actividade profissional, com excepção de:

a) Funções inerentes às desempenhadas na CI; e

b) Funções docentes no ensino superior ou funções de investigação;

Investimento Externo | 227

2. Após o termo das suas funções, os membros do Conselho de Administração ficam impedidos, pelo período de 2 (dois anos), de desempenhar qualquer função ou de prestar qualquer serviço às empresas ou aos grupos nos quais estas se integrem, que tenham beneficiado de apoios e incentivos, sob qualquer forma, deliberados pela CI.

3. Os membros do Conselho de Administração estão sujeitos aos deveres de discrição e reserva exigidos pela natureza das suas funções, quer durante quer após o termo dos seus mandatos.

ARTIGO 26.º
(Cessação de funções)

1. Os membros do Conselho de Administração cessam o exercício das suas funções:

a) Pelo decurso do prazo para que foram designados;

b) Por incapacidade permanente ou por incompatibilidade superveniente do titular;

c) Por demissão decidida por resolução do Conselho de Ministros, por falta grave, comprovadamente cometida pelo seu titular no desempenho das suas funções ou no cumprimento de alguma obrigação inerente ao cargo;

d) Por motivo de condenação por qualquer crime doloso;

2. O mandato dos membros do Conselho de Administração caduca caso esse órgão seja dissolvido ou a Cl seja legalmente extinta ou fundida com outra entidade.

SUB-SECÇÃO III
Conselho Geral

ARTIGO 27.º
(Natureza e composição)

1. Conselho Geral é o órgão consultivo de orientação geral das políticas da Cl, presidido por um alto representante do Governo, a ser indicado pela entidade de superintendência.

228 | *Investimento Imobiliário e Turístico em Cabo Verde*

2. O Conselho Geral é composto por um máximo de quinze membros, de entre personalidades dos sectores público e privado, nomeados por despacho da entidade de superintendência.

3. Por inerência de funções o Presidente da Cl integra o Conselho Geral.

4. O mandato dos membros do Conselho Geral é de três anos, renováveis uma ou mais vezes, continuando, porém, os membros em exercício de funções até à efectiva substituição ou declaração de cessação de funções

ARTIGO 28.º
(Competências)

Compete ao Conselho Geral:

a) Apreciar em geral as actividades da Cl, formulando propostas ou recomendações que julgar pertinentes.

b) Apreciar os relatórios previstos no artigo12.º.

c) Pronunciar-se sobre os planos e os relatórios de actividade;

d) Pronunciar-se sobre quaisquer assuntos que os restantes órgãos entendam submeter-lhe; e

e) Aprovar o seu regimento.

ARTIGO 29.º
(Funcionamento)

1. O Conselho Geral reúne-se ordinariamente 4 (quatro) vezes por ano e extraordinariamente sempre que necessário, por iniciativa do seu Presidente ou a pedido de um terço dos seus membros, do Presidente da Cl, ou da maioria dos Membros do Conselho de Administração.

2. Das reuniões do Conselho Geral são lavradas actas, as quais, depois de aprovadas, são assinadas pelos membros presentes, para serem remetidas para conhecimento do Conselho de Administração da Cl e da entidade de superintendência.

3. Sempre que a natureza dos assuntos a tratar o aconselhe, podem participar nas reuniões do Conselho Geral individualidades convidadas pelo seu Presidente, seja por iniciativa deste, ou de um terço dos seus membros, seja a pedido do Conselho de Administração da CI.

SUBSECÇÃO IV
Conselho Fiscal

ARTIGO 30.º
(Definição e competência)

1. O Conselho Fiscal é o órgão a que compete a fiscalização das actividades da Cl, cabendo-lhe em especial:

a) Examinar periodicamente a situação financeira e económica da Cl e proceder à verificação dos valores patrimoniais;

b) Verificar a execução das deliberações do Conselho de Administração;

c) Emitir parecer sobre qualquer assunto que lhe seja submetido pelos órgãos da Cl, ou que em matéria de gestão económico-financeira entenda dever apreciar;

d) Participar aos órgãos competentes as irregularidades que detecte;

e) Propor a realização de auditorias;

f) Em geral, vigiar para que as disposições da lei e dos estatutos sejam observadas.

ARTIGO 31.º
(Composição)

1. A fiscalização da actividade social da Cl compete a um fiscal único, que deverá ser um contabilista ou auditor certificado ou sociedade de auditoria certificada, ou um Conselho Fiscal, conforme o que for deliberado pelo Conselho de Administração.

2. Havendo um fiscal único, o mesmo tem sempre um suplente, que é igualmente um contabilista ou auditor certificado ou sociedade de auditoria certificada.

3. Havendo Conselho Fiscal, esse é composto por um Presidente, 2 (dois) vogais efectivos e 2 (dois) suplentes

4. Um dos vogais efectivos e o suplente são obrigatoriamente um contabilista ou auditor certificado, com mais de 5 (cinco) anos de experiência.

5. A nomeação dos membros do Conselho Fiscal ou Fiscal Único é feita por despacho conjunto do Ministro da Tutela e pelo das Finanças.

230 | *Investimento Imobiliário e Turístico em Cabo Verde*

Artigo 32.º
(Funcionamento)

1. O Conselho Fiscal reúne-se periodicamente sempre que seja convocado pelo seu Presidente, quer por iniciativa própria, quer a pedido do Conselho de Administração.

2. Para que o Conselho Fiscal possa deliberar é necessária a participação de três dos seus membros, devendo as deliberações ser tomadas por maioria de votos.

3. Os membros do Conselho Fiscal devem exercer uma fiscalização conscienciosa, cabendo-lhes guardar segredo dos factos de que tiverem conhecimento no exercício das suas funções ou por causa dela.

Secção II
Serviços

Artigo 33.º
(Organização e funcionamento)

1. A CI dispõe de serviços centrais, de serviços desconcentrados no país e de delegações no estrangeiro.

2. A estrutura orgânica, a competência e o regime de funcionamento dos serviços da CI são regulados nos termos estabelecidos pelos presentes Estatutos.

Artigo 34.º
(Delegações no estrangeiro)

1. A representação da CI no estrangeiro fica a cargo de delegações, sem prejuízo do disposto no n.º 2.

2. As delegações da CI no estrangeiro funcionam junto das representações diplomáticas ou consulares de Cabo Verde.

3. As delegações da CI no estrangeiro dependem hierarquicamente do respectivo chefe de missão e, técnica e funcionalmente, do Presidente da CI.

4. A representação da CI no exterior pode ser assegurada, mediante contrato, por empresas especializadas de reconhecida idoneidade, por associações empresariais e por câmaras de comércio.

5. A estrutura orgânica, a competência e o regime de funcionamento das delegações da CI no estrangeiro são regulados nos termos estabelecidos pelos presentes Estatutos.

Capítulo IV
Gestão financeira e patrimonial

Artigo 35.º
(Princípios de gestão)

Na gestão administrativa, financeira e patrimonial, a CI tem em consideração os seguintes princípios:

a) A direcção por objectivos, tendo em conta uma descentralização das decisões na base de objectivos precisos, destinada a promover em todos os escalões uma motivação para a acção

b) O controlo orçamental pelos resultados, tendo em vista a necessária produtividade dos serviços;

c) O sistema integrado de informação de gestão, tendo em conta a circulação das informações necessárias para elaborar programas e as executar correctamente; e

d) A observância das normas legais.

Artigo 36.º
(Instrumentos de gestão)

1. São instrumentos de gestão da CI:

a) O plano estratégico;

b) Os programas de actividade anual e plurianual e o respectivo cronograma;

c) Orçamento anual e plurianual; e

d) O programa financeiro.

2. Os programas de actividade enunciam não só as actividades e a sua justificação, mas também a distribuição das prioridades no tempo, a interdependência das acções e seu desenvolvimento, os meios previstos para a respectiva cobertura financeira e os adequados mecanismos de controlo e revisão.

3. Os programas plurianuais são actualizados em cada ano em função do controlo, correcção ou ajustamento das actuações, tendo em vista os objectivos fixados.

ARTIGO 37.º
(Instrumentos de prestação de contas)

São instrumentos de prestação de contas da CI:

a) O relatório e contas anual;
b) Os relatórios, semestral e anual, de gestão; e
c) Os balancetes trimestrais.

ARTIGO 38.º
(Receitas)

Constituem receitas da CI:

a) Uma comissão de gestão por serviços prestados, devida pelo Tesouro, a fixar e regulamentar por despacho conjunto dos membros do governo responsáveis pelas áreas de Economia e Finanças, incidente sobre o montante de valores efectivamente recebidos;
b) As dotações atribuídas pelo Estado;
c) O produto das vendas de bens e serviços;
d) Os rendimentos de bens próprios ou da constituição de direitos sobre eles;
e) O produto dos empréstimos que contrair
f) Os subsídios, donativos ou comparticipações atribuídos por qualquer entidade pública ou privada, nacional ou estrangeira;
g) Os saldos de gerência;
h) O produto de quaisquer indemnizações que legal ou contratualmente lhe sejam devidas;
i) Quaisquer outras receitas provenientes da sua actividade ou que por lei ou contrato lhe devam pertencer; e
j) Receitas decorrentes da alienação do seu próprio património.

ARTIGO 39.º
(Prestação de serviços)

1. A Cl pode, sem prejuízo das atribuições que lhe estão cometidas, prestar serviços ou realizar trabalhos remunerados que lhe sejam solicitados por investidores externos ou entidades privadas.

2. Os serviços prestados com carácter de continuidade são remunerados de acordo com tabelas de preços a aprovar pelo Conselho de Administração.

ARTIGO 40.º
Despesas

1. Constituem despesas da Cl:

a) Os encargos com o respectivo funcionamento e com o cumprimento das atribuições e exercício das suas competências;
b) As despesas com o pessoal; e
c) Os custos de aquisição, manutenção e conservação de bens e equipamentos e serviços que tenha de utilizar.

2. Na realização das despesas são respeitados os condicionalismos e imperativos decorrentes do orçamento e plano aprovados, bem como as prioridades que excepcio-nalmente vierem a ser fixadas.

3. Sem prejuízo das necessidades de assegurar o melhor aproveitamento dos recursos humanos e materiais disponíveis, é tida como regra essencial de gestão das dotações de despesas a minimização dos custos para o máximo dos meios postos em execução.

ARTIGO 41.º
(Sistema de Contabilidade)

1. A contabilidade da Cl deve adequar-se às necessidades da respectiva gestão, permitir um controlo orçamental permanente e, bem assim, a fácil verificação da relação existente entre os valores patrimoniais e financeiros e os correspondentes elementos contabilísticos.

2. Para a satisfação das necessidades referidas no número anterior, a Cl aplica o plano de contabilidade em vigor para os institutos públicos, adaptados à sua realidade específica e, fundamentalmente, como um instrumento de gestão.

3. O sistema de contas deve ser complementado pela contabilidade analítica, a fim de se proceder ao apuramento dos custos da participação de cada unidade orgânica na estrutura de custos de cada serviço.

ARTIGO 42.º
(Património)

1. Constitui património da Cl a universalidade dos bens na sua titularidade e ainda os bens, direitos e obrigações que receba ou contraía por qualquer título para o exercício da sua actividade própria.

234 | *Investimento Imobiliário e Turístico em Cabo Verde*

2. A Cl administra e dispõe, nos termos dos presentes Estatutos e da lei, dos bens que constituem o seu património, sem sujeição às normas relativas ao domínio privado do Estado.

3. A Cl administra os bens do domínio público que forem ou vierem a ser afectados à sua actividade, devendo manter actualizado o respectivo cadastro.

4. A Cl não pode, contudo, alienar os edifícios que pelo Estado lhe tenham sido destinados ou cedidos para a instalação dos serviços que lhe são próprios.

5. A Cl pode aceitar quaisquer doações ou legados, carecendo de autorização da entidade de superintendência, nos termos da lei.

6. Pela dívida da Cl responde apenas o respectivo património.

ARTIGO 43.º

(Sujeição ao Tribunal de Contas)

A Cl está sujeita à fiscalização sucessiva do Tribunal de Contas.

ARTIGO 44.º

(Fiscalização contabilística e financeira)

1. A fiscalização contabilística e financeira da Cl, bem como o exame dos actos dos seus órgãos é incumbida pela entidade de superintendência a uma empresa de auditoria de reconhecida idoneidade, mediante concurso público, sem prejuízo das competências da Inspecção Geral de Finanças, nos termos da lei.

2. Os encargos com a empresa de auditoria são da responsabilidade da CI.

ARTIGO 45.º

(Remissão)

A gestão financeira da Cl rege-se pelas leis da contabilidade pública.

CAPÍTULO V
Pessoal

ARTIGO 46.º
Regime Jurídico

1. O pessoal da Cl rege-se, na generalidade, pelas normas aplicáveis ao contrato individual de trabalho e, na especialidade, pelo disposto em estatuto de pessoal, aprovado pelo Conselho de Administração.

2. O pessoal ao serviço da Cl é recrutado mediante concurso público, devendo obedecer aos seguintes princípios:

a) Publicitação da oferta de emprego.
b) Igualdade de condições e de oportunidade dos candidatos.
c) Aplicação de métodos e critérios objectivos de avaliação e selecção.
d) Fundamentação de decisão tomada.

3. Os cargos de direcção e chefia são sempre exercidos em regime de comissão de serviço.

4. São também exercidos em regime de comissão de serviço os cargos no estrangeiro

ARTIGO 47.º
(Pessoal das delegações no estrangeiro)

1. A nomeação do pessoal das delegações da CI no estrangeiro, não recrutado localmente, é feita em comissão ordinária de serviço.

2. Os responsáveis das delegações da CI no estrangeiro são nomeados pela entidade de superintendência, sob proposta do Presidente. Quando tal seja tido por conveniente para cabal prossecução do objecto da CI, podem os responsáveis referidos no número anterior ser acreditados como adidos às respectivas embaixadas, sendo em tais casos a nomeação de competência conjunta da entidade de superintendência e do membro do governo responsável pela área dos negócios estrangeiros.

3. O pessoal recrutado localmente fica sujeito ao regime de trabalho, não conferindo o recrutamento qualquer vínculo à Administração Pública cabo-verdiana e a sua remuneração é estabelecida em harmonia com a lei e costumes locais.

Capítulo VI
Da entidade de superintendência, responsabilidade e controlo judicial

Artigo 48.º
(Âmbito)

1. A Cl fica sob superintendência do Membro do Governo responsável pela área da Economia.

2. Compete à entidade de superintendência:

a) Orientar superiormente a actividade da CI, indicando-lhe as metas, os objectivos, estratégias e critérios de oportunidade político-administrativa, enquadrando-o sectorial e globalmente no âmbito dos objectivos traçados pelo programa do Governo;

b) Homologar os instrumentos de gestão e os documentos de prestação de contas;

c) Aprovar o estatuto de pessoal, o plano de cargos e salários, a tabela salarial e o quadro de pessoal da Cl;

d) Autorizar a aquisição, oneração e alienação de bens imóveis e dos móveis sujeitos a registo;

e) Autorizar a contracção de empréstimos quando permitidos por lei;

f) Autorizar a aceitação de doações, heranças e legados litigiosos ou sujeitos a encargos;

g) Suspender, revogar e anular, nos termos da lei, os actos dos órgãos próprios da CI que violem a lei ou sejam considerados inoportunos e inconvenientes para o interesse público;

h) Acompanhar, fiscalizar e inspeccionar o funcionamento da CI;

i) Ordenar inquéritos, sindicâncias ou inspecções à CI;

j) Autorizar o estabelecimento de delegações ou outras formas de representação;

k) Autorizar a participação no capital social de empresas, bem como a sua alienação e a realização de associações temporárias;

l) Solicitar informações que entenda necessárias ao acompanhamento das actividades da CI;

m) Fixar as remunerações do Presidente e dos membros do Conselho de Administração; e

n) O mais que lhe for cometido por lei.

CAPÍTULO VII
Disposições finais

ARTIGO 49.º
(Fórum dos embaixadores)

1. A CI, em concertação com os serviços competentes do Ministério dos Negócios Estrangeiros, participa nos *fóruns* de embaixadores acreditados no país potencialmente relevantes para o investimento em Cabo Verde.

ARTIGO 50.º
(Vinculação)

1. A CI obriga-se:

a) Pela assinatura do seu Presidente, quando autorizado pelo Conselho de Administração.

b) Pela assinatura de 2/3 dos membros do Conselho de Administração ou de um mandatário a quem tenham sido conferidos poderes para tal, por deliberação do Conselho de Administração.

c) Pela assinatura de um só membro do Conselho de Administração ou de um só mandatário, quando o próprio Conselho para tanto lhes conferir expressamente poderes.

2. Os actos de mero expediente, que não obriguem a CI, podem ser assinados por qualquer membro do Conselho de Administração ou por qualquer trabalhador com funções de direcção em quem tenha sido delegada essa competência.

ARTIGO 51.º
(Sigilo)

1. Os titulares dos órgãos da CI, respectivos mandatários, pessoas ou entidades qualificadas, devidamente credenciadas, bem como os seus trabalhadores eventuais ou permanentes, estão especialmente obrigados a guardar sigilo de factos cujo conhecimento lhes advenha exclusivamente do exercício das suas funções.

238 | *Investimento Imobiliário e Turístico em Cabo Verde*

2. A violação do dever de segredo profissional previsto no número anterior é, para além da inerente responsabilidade disciplinar e civil, punível nos termos do Código Penal.

ARTIGO 52.º
(Recurso a serviços externos)

1. A CI pode recorrer à colaboração de técnicos e empresas ou de organismos nacionais ou estrangeiros para a elaboração de estudos, pareceres ou projectos específicos ou para execução de outras funções especializadas, em regime de prestação de serviço ou de avença.

2. Os contratos de prestação de serviço ou de avença, ao abrigo do número anterior, devem especificar obrigatoriamente a natureza das tarefas a executar, a remuneração a pagar e, quando for caso disso, o prazo de execução.

ARTIGO 53.º
(Página electrónica)

1. A Cl deve disponibilizar um sítio na Internet, com todos os dados relevantes, nomeadamente o diploma de criação, os estatutos e regulamentos, bem como a composição dos seus órgãos, os planos, orçamentos, relatórios e contas referentes aos dois últimos anos da sua actividade e, ainda, os regulamentos, as deliberações e as instruções genéricas emitidas.

2. A página electrónica serve de suporte para a divulgação de informações relevantes sobre o ambiente de investimento e exportação de bens e serviços, devendo também incluir modelos e formulários para a apresentação de requerimentos por via electrónica, visando a satisfação dos pedidos e obtenção de informações *on-line,* nos termos legalmente admitidos.

ARTIGO 54.º
(Logótipo)

A Cl utiliza, para identificação de documentos e tudo o mais que se relacionar com os respectivos serviços, um logótipo, cujo modelo será aprovado por portaria da entidade de superintendência, sob proposta do Conselho de Administração.

ARTIGO 55.º
Norma Transitória

1. Tal como vem definido no n..º 1 do Artigo 8..º do Decreto – Legislativo, n.º 1/2005, o Gabinete das Zonas Turísticas Especiais tem a função de gestão e administração das Zonas Turísticas Especiais, enquanto não forem criadas e instaladas as sociedades de desenvolvimento turístico.

2. À medida que forem sendo criadas e instaladas as sociedades de desenvolvimento turístico, o Gabinete das Zonas Turísticas Especiais vai perdendo a competência de gestão e administração daquelas Zonas Turísticas Especiais, para a gestão da qual a Sociedade foi criada.

A Ministra da Economia, Crescimento e Competitividade, *Fátima Maria Carvalho Fialho*

PROMOÇÃO E LICENCIAMENTO DE PROJECTOS IMOBILIÁRIOS

DECRETO N.º 130/88
de 31 de Dezembro

Regulamento Geral de Construção e Habitação Urbana

(Trechos relevantes)

TÍTULO I
Das disposições administrativas

CAPÍTULO ÚNICO
Competência

ARTIGO 1.º
(Âmbito de aplicação)

1. A execução de novas edificações ou de quaisquer obras de construção civil, a reconstrução, a ampliação, a reparação ou a demolição das edificações e obras existentes e, bem assim, todos os trabalhos que impliquem alteração da topografia, local, dentro de perímetro urbano e das zonas rurais de protecção, fixadas para as sedes de concelho e para as demais localidades sujeitas por lei a plano de urbanização e expansão, subordinar-se-ão às disposições do presente regulamento.

2. O presente regulamento aplicar-se-á, também, nas povoações que não façam parte das zonas e localidades referidas neste artigo, desde que a elas seja tornado extensivo por deliberação municipal, homologada pelo Ministro da Tutela e, em todos os casos será aplicado às edificações de carácter industrial e comercial ou de utilização colectiva.

244 | *Investimento Imobiliário e Turístico em Cabo Verde*

3. Sem prejuízo da entrada em vigor do presente diploma, os órgãos municipais competentes deverão elaborar os regulamentos necessários, sujeitos à aprovação do Ministro da tutela, com vista à adaptação das disposições deste regulamento geral, às características dos respectivos concelhos.

ARTIGO 2.º
(Definições)

Para efeitos de aplicação do presente regulamento, entende-se por:

a) Reconstrução: a execução de novo de uma construção, no local ocupado por outra e cingindo-se ao primitivo plano desta última;
b) Ampliação: a execução de obras que por, qualquer forma modifiquem o plano primitivo de uma construção já concluída;
c) Reparação: a execução de obras destinadas a substituir, por elementos novos, as partes arruinadas de uma construção;
d) Demolição: a execução de obras destinadas a destruir totalmente uma construção existente.

ARTIGO 3.º
(Obrigatoriedade e requisitos da licença)

1. A execução das obras e dos trabalhos referidos no artigo 1.º não pode ser levada a efeito, sem prévia licença do órgão municipal competente, ao qual incumbe, também, a fiscalização do cumprimento das disposições deste regulamento.

2. O licenciamento de quaisquer obras processar-se-á em função da importância e da localização das mesmas, conforme os casos definidos no número seguinte e de acordo com uma das seguintes variantes:

a) Obtenção de um certificado de urbanismo, aprovação de projecto e licença de construção;
b) Obtenção de um certificado de urbanismo e licença de construção;
c) Obtenção de uma autorização municipal;

3. Para efeitos de aplicação do disposto no número anterior, dever-se-á considerar os seguintes requisitos:

a) Obtenção de um certificado de urbanismo, aprovação do projecto e licença de construção, para os casos localizados nos centros de cidades, zonas de expansão urbanizada ou por urbanizar, sedes de concelhos e outros aglomerados definidos por deliberação municipal;

b) Obtenção de um certificado de urbanismo e licença de construção, para os casos definidos em regulamentos específicos dos planos detalhados ou em programas instituídos pelos Municípios;

c) Obtenção de uma autorização municipal, para os casos de construções ao longo das estradas principais e dos aglomerados rurais definidos por regulamento, mediante simples apresentação de um esquisso de localização de formulário disponível para o efeito.

4. Compete ao órgão municipal competente fixar limites espaciais precisos, sobre os quais deverá incidir cada uma das variantes de procedimento a que se refere o número 2 e, bem assim, os limites temporais e a validade dos certificados de urbanismo e das licenças de construção.

Artigo 4.º
(Concessão de Licenças)

1. O órgão municipal competente não poderá conceder licenças para a execução de obras sem que previamente, verifique que não colidem com o plano urbanístico aprovado para o local e que não prejudicam a estética urbana.

2. A concessão de licença para execução de obras, será sempre condicionada à observância das prescrições do presente regulamento, dos regulamentos municipais em vigor e, bem assim de outras disposições legais aplicáveis.

Artigo 5.º
(Responsabilidade do dono da obra)

A concessão de licença para a execução de obras e o exercício da fiscalização municipal não isentam o dono da obra, ou o seu representante, da responsabilidade pela condução dos trabalhos, em estrita concordância com as prescrições regulamentares e outros preceitos gerais ou especiais, a que essa obra, pela sua localização ou natureza, tenha de subordinar-se.

246 | *Investimento Imobiliário e Turístico em Cabo Verde*

ARTIGO 6.º
(Pedido de licença)

Os pedidos de licença para a execução de obras serão acompanhados dos elementos necessários ao exacto esclarecimento das condições da sua realização, tendo em conta a importância, a localização e a finalização de cada tipo de obra.

ARTIGO 7.º
(Formalização dos projectos de arquitectura)

Para a aprovação do projecto de arquitectura, o processo poderá ser apresentado aos serviços competentes do município, ainda em fase de ante-projecto, em dois exemplares de formato A4, assinados pelo autor do projecto, compreendendo os seguintes elementos:

a) Memória descritiva e justificativa da solução arquitectural adoptada e da natureza dos materiais de revestimento exterior;
b) Parte gráfica constituída, no mínimo, pelos seguintes elementos
  – Planta de localização na escala 1/500 ou 1/1.000, cotada com orientação e limites do terreno;
  – Plantas cotadas, na escala 1/100 ou 1/50;
  – Cortes na escala 1/100 ou 1/50;
  – Plantas de cobertura na escala 1/100. Ou 1/50;
  – Alçados na escala 1/100 ou 1/50.

ARTIGO 8.º
(Formalização do processo de licenciamento das obras)

1. O processo de licenciamento das obras previstas, na alínea a) do número, 2 do artigo 3.º, deve ser constituído pelos seguintes elementos:

a) Ante-projecto ou projecto de arquitectura aprovado;
b) Projecto de estabilidade e cálculo das estruturas;
c) Projecto ou esquema hidrosánitário;
d) Projecto de electricidade ou mapa de distribuição dos pontos de luz.

2. Para o licenciamento da obras referidas, na alínea b) do número 2 do artigo 3.º, o processo deve ser constituído pelo projecto-tipo e pelo certificado de urbanismo a serem fornecidos pelo município.

3. Para os casos previstos, na alínea c) do número 2 do artigo 3.º, o processo de licenciamento será constituído por um formulário fornecido pelo município, contendo local para nome e assinatura do proprietário do imóvel e local reservado, em quadruplicado, para que sejam elaborados croquis ou esboços da construção ou da remodelação a ser efectuada.

4. Os croquis ou esboços devem conter:

a) Um esquisso de localização;

b) Uma planta baixa;

c) Uma elevação.

Artigo 9.º
(Licenciamento de obras não previstas em planos urbanísticos)

Nas áreas em que não haja planos urbanísticos aprovados, os projectos de edifícios públicos, de instalações de actividades industriais e comerciais, de recintos de espectáculos ou de divertimentos públicos e, bem como, de instalações que possam ocasionar poluição, serão previamente submetidos, na fase de estudo prévio ou de ante-projecto, ao parecer dos serviços centrais de urbanismo.

Artigo 10.º
(Licença de utilização)

1. A utilização de qualquer edificação nova, reconstruída ou ampliada, ficará sujeita a licença municipal, quando dela resultem modificações substanciais na estrutura e características iniciais dos edifícios.

2. O órgão municipal competente só poderá conceder a licença, a que este artigo se refere, depois de realizada a vistoria destinada a verificar se as obras obedeceram às condições da respectiva licença, ao projecto aprovado e às disposições legais aplicáveis.

3. A licença de utilização só poderá ser concedida, depois de decorrido o prazo, fixado nos regulamentos municipais, sobre a conclusão das obras, tendo em vista as condições de salubridade relacionadas com a natureza da utilização.

248 | *Investimento Imobiliário e Turístico em Cabo Verde*

4. O disposto neste artigo é aplicável à utilização das edificações existentes para fins diversos, do anteriormente autorizado, não podendo a licença, para este efeito, ser concedida sem que se verifique a sua conformidade com as disposições legais aplicáveis.

ARTIGO 11.º
(Formulário padrão)

1. Os pedidos de licença para execução de quaisquer obras, serão acompanhados de um formulário padrão, fornecido pelo município, o qual deverá prever espaços para o fornecimento das seguintes informações:

a) Nome e assinatura do proprietário do imóvel ou do seu representante;

b) Nome e assinatura do responsável pela execução da obra;

c) Endereço da obra;

d) Dados sobre a construção, nomeadamente sobre a reabilitação, a ampliação, o índice de ocupação, o número de pavimentos e a área a construir.

2. A subscrição dos termos de responsabilidade de execução de obras, cabe exclusivamente aos engenheiros civis, aos arquitectos, aos técnicos de engenharia civil, de arquitectura, de construção civil e aos engenheiros titulares de especialidades, de acordo com o estipulado, no artigo seguinte, para estes últimos.

ARTIGO 12.º
(Elaboração de projectos)

1. Os projectos de arquitectura e engenharia civil só podem ser elaborados e subscritos por:

a) Arquitectos;

b) Engenheiros civis e engenheiros titulares de especialidades;

c) Técnicos de arquitectura e de engenharia civil.

2. A elaboração e a subscrição de projectos de arquitectura são da exclusiva competência dos arquitectos e dos técnicos de arquitectura.

3. A elaboração e a subscrição de projectos de engenharia civil são

da exclusiva competência dos engenheiros civis, dos engenheiros titulares de especialidades e dos técnicos de engenharia.

4. Para efeitos de aplicação deste artigo entende-se por técnicos de arquitectura e de engenharia civil os indivíduos que são titulares de diploma de cursos técnicos superiores nas áreas de arquitectura e de engenharia civil, que não conferem grau de licenciatura.

5. Nos concelhos em que não haja arquitectos, engenheiros ou técnicos de arquitectura e engenharia civil, competirá ao Ministro da Administração Local e Urbanismo, ouvidos os órgãos municipais competentes e a associação representativa da classe, cometer as competências referidas neste artigo, por um período determinado, a outras categorias profissionais, para as seguintes áreas de actuação:

a) Edificações cujo número de pisos não seja superior a dois;

b) Edifícios de habitação uni-familiar, integrando eventualmente comércio doméstico;

c) Edificações com área coberta não superior a 150m2.

6. É obrigação dos técnicos, a que se refere este artigo, cumprir e fazer cumprir as disposições legais aplicáveis à elaboração de projectos e execução de obras que lhes sejam cometidas, e os condicionamentos das respectivas licenças.

ARTIGO 13.º
(Pedido de autorização para demolir)

Os pedidos de autorização para demolir deverão conter, pelo menos, os seguintes elementos:

a) Planta de localização à escala 1/500 ou 1/1.000, com orientação e limites do terreno;

b) Alçado principal do edifício existente à escala 1/100 ou 1/50;

c) Nota justificativa da demolição, indicando o programa alternativo.

ARTIGO 14.º
(Alinhamento e cota de nível)

As obras relativas a novas edificações, a reconstruções, a ampliações e a alterações, não poderão ser iniciadas sem que pela respectiva Administração Municipal sejam fixados, sempre que for necessário, os alinhamentos e a cota de nível.

250 | *Investimento Imobiliário e Turístico em Cabo Verde*

ARTIGO 15.º
(Periodicidade das reparações)

1. As edificações e suas construções complementares deverão ser reparadas e beneficiadas, pelo menos uma vez, em cada período de oito anos, com o fim de reparar as deteriorações inerentes a uma prudente utilização, e de as manter em boas condições, sob todos os aspectos de que trata o presente regulamento.

2. O órgão municipal competente poderá autorizar a prorrogação do prazo referido no número anterior, ou impedir a execução da obra de reparação e beneficiação, nos casos especiais definidos nos seus regulamentos

ARTIGO 16.º
(Obras preventivas)

1. O órgão municipal competente deverá em qualquer altura e, com vistoria prévia, realizada nas condições estabelecidas nos seus regulamentos, determinar, nas edificações existentes, a execução de obras necessárias para corrigir as más condições de habitabilidade, de salubridade, de solidez ou de segurança contra o risco de incêndio e outros sinistros, independentemente das obras periódicas de conservação a que se refere o número 1 do artigo anterior.

2. O órgão municipal competente ordenará, precedendo vistoria, a beneficiação ou a demolição total ou parcial das construções que ameaçam ruína ou ofereçam perigo para a saúde pública.

3. As decisões tomadas, de acordo com o disposto neste artigo, serão notificadas ao proprietário do prédio, pelo órgão municipal competente, no prazo de trinta dias, a contar da data de aprovação do auto de vistoria.

ARTIGO 17.º
(Obras de emergência)

1. Será ordenada pelo órgão municipal competente independentemente de vistoria, a execução de obras reparação urgente, como as relativas a deficiências de cobertura ou a roturas, obstruções e mau funcionamento das instalações de água, de esgoto, de gás e de electricidade e, ainda, as relativas ao funcionamento e garantia dos elevadores e montacargas.

2. Compete ao órgão municipal competente, de acordo com as disposições do Título VII, a definição das penas a aplicar no caso de incumprimento das determinações no número 1 deste artigo.

ARTIGO 18.º
(Imposição de obras)

Sempre que determinadas obras de reparação sejam impostas por determinado serviço público, a notificação ao interessado deve ser realizada através do órgão municipal competente.

ARTIGO 19.º
(Regime das habitações evolutivas)

1. Os casos de habitação evolutiva serão objecto de regulamentação municipal.

2. Sem prejuízo do que vier a ser estabelecido nos Regulamentos municipais, relativos à habitação evolutiva, os projectos serão apresentados com indicações precisas e convencionadas, a critério do profissional responsável, de modo a facilitar a identificação das diversas fases da construção.

3. O processo de licenciamento das habitações evolutivas será faseado, com base no estabelecido no número anterior, e de acordo com as disposições espe-ciais do presente regulamento relativas à habitação evolutiva.

ARTIGO 20.º
(Regime das casas degradas, antigas ou espontâneas)

1. Os casos de recuperação de casas degradadas e antigas serão objecto de regulamentação municipal.

2. Sem prejuízo do que vier a ser estabelecido nos regulamentos municipais, relativos à recuperação de bairros de natureza espontânea ou de centros históricos, deverão ser observadas as disposições dos regulamentos municipais estabelecidas pelo município ou pelo ministério da administração local ou urbanismo que contenham padrões sub-regulamentares sobre a matéria.

Artigo 21.º
(Destino das edificações)

Nos projectos de novas edificações, de reconstrução, de ampliação e alteração das existentes serão sempre indicados o seu destino e a utilização prevista para os diferentes compartimentos

Título II
Da implantação e da integração urbana

Capítulo I
Disposições gerais

Artigo 22.º
(Condições de implantação, da tipologia e do fim das edificações)

1. O tipo de edificação, a actividade principal a que se destinar, bem como as suas principais características dimensionais, de implantação e de acesso, devem ser determinados por plano urbanístico ou por loteamento aprovado. Quando não existam, devem essas características, ser baseadas em estudo urbanístico preliminar da responsabilidade dos serviços municipais ou do Ministério da Administração Local e Urbanismo.

2. Quando não se verifiquem as situações previstas no número anterior, as edificações devem respeitar as seguintes condições, sem prejuízo de outras apresentadas pelo órgão municipal competente:

a) Não serão permitidas construções, em locais insalubres ou inseguros, enquanto as condições propiciadoras de insalubridade ou de insegurança não forem, comprovadamente, eliminadas, nem em locais onde não seja possível o abastecimento de água por gravidade a partir de sistema construído, ou com projecto aprovado;

b) Da edificação proposta não devem resultar prejuízos para o bem comum, devidamente comprovados pelos serviços competentes, designadamente pela desadequação estética ou funcional das soluções gerais propostas às condições físicas existentes no lote da construção e sua envolvente;

Promoção e Licenciamento de Projectos Imobiliários | 253

c) As densidades de construção propostas não devem conduzir a situações extremas de rotura de escala, por brusco e isolado aumento dessa densificação ou ao invés, por injustificada redução, podendo implicar um mau aproveitamento das infra-estruturas urbanísticas.

ARTIGO 23.º
**(Das condições para a implantação no lote
de construções não planeadas)**

1. A implantação das construções no respectivo lote quando não for definida em plano urbanístico ou em loteamento aprovado deve ser de molde a satisfazer as condições de programa e a respeitar, ainda, as seguintes condições:

a) Facilitar em segurança, as condições de acessibilidades de pessoas e veículos, bem como permitir o estacionamento determinado pelo município.

b) Minimizar a modificação da morfologia natural do terreno;

c) Facilitar as ligações às redes públicas, e, particularmente dar escoamento, por gravidade, à evacuação de águas servidas e a drenagem de águas pluviais;

d) Dar bom escoamento à drenagem superficial de aguas pluviais sem no entanto agravar as condições existentes a jusante;

e) Permitir uma organização dos espaços exteriores que facilite a sua manutenção, nomeadamente quando se trate de edifícios públicos ou quando esses espaços sejam cedidos à administração pública para a posse plena ou simples manutenção.

2. Quando essa implantação se verifique em terrenos acidentados devem ser respeitadas, ainda, as seguintes condições:

a) Os taludes e aterros, respectivamente, de altura e extensão superior a 3m, quando não estejam previstos em plano urbanístico ou em loteamento aprovado, serão objecto de autorização especial, e caso sejam, aceites terão projecto específico para a sua realização e preservação à cargo do dono da obra, quer se localizem dentro ou fora do lote de construção da edificação em causa.

b) As construções implantadas junto a taludes naturais devem ficar suficientemente afastadas destes, seja no cume, seja no sopé com distancia proporcional à inclinação, à desagregação e à extensão do talude e à importância da construção, com um mínimo de 3m.

ARTIGO 24.º

(Definição do âmbito do projecto do edifício)

1. O projecto deve contemplar não apenas o edifício ou edifícios a construir no lote, mas também as obras nos logradouros e espaços exteriores privados ou de utilização comum.

2. No caso de edifícios de utilização pública, esses projectos devem atender à segurança, designadamente, através de fáceis acessos e evacuação de pessoas, tendo em atenção as que são limitadas na mobilidade, e de acessibilidade de meios de combate a incêndio.

(...)

AMBIENTE E DEFESA
DO CONSUMIDOR

DECRETO-LEI 29/2006
de 6 de Março

Regime Jurídico da Avaliação do Impacto dos Projectos Susceptíveis de Produzir Efeitos no Ambiente

CAPITULO I
Disposições Gerais

ARTIGO 1.º
Objecto e âmbito de aplicação

1. O presente diploma estabelece o regime jurídico da avaliação do impacto ambiental dos projectos públicos ou privados susceptíveis de produzirem efeitos no ambiente.

2. Estão sujeitos a avaliação do impacto ambiental:

a) Os projectos relativos às actividades constantes do anexo I ao presente diploma, de que faz parte integrante;

b) Os projectos localizados em áreas sensíveis.

ARTIGO 2.º
Conceitos

Para efeitos da aplicação do presente diploma, entende-se por:

a) "Alteração de um projecto", qualquer operação tecnológica, operacional, mudança de dimensão ou de localização de um projecto que possa determinar efeitos ambientais ainda não avaliados;

b) "Áreas sensíveis", todas as áreas protegidas terrestres e marinhas, criadas nos termos da respectiva legislação, bem como as zonas

258 | *Investimento Imobiliário e Turístico em Cabo Verde*

de reserva e protecção turística e as zonas de desenvolvimento turístico integral;

c) "Auditoria", avaliação, a posteriori, dos impactos ambientais do projecto, tendo por referência normas de qualidade ambiental bem como as previsões, medidas da gestão e recomendações do procedimento de AIA;

d) "Autorização" ou "licença", decisão que confere ao proponente o direito a realizar o projecto, em conformidade com as normas ambientais;

e) "Avaliação do Impacto Ambiental" ou "AIA", instrumento para recolha e reunião de dados e processo de identificação e previsão dos efeitos ambientais de determinados investimentos na qualidade ambiental, na produtividade dos recursos naturais e no bem-estar do Homem, incluindo a sua interpretação e comunicação, bem como a identificação e proposta de medidas que evitem, minimizem ou compensem esses efeitos, antes de ser tomada uma decisão sobre a sua execução;

f) "Efeito ambiental", alterações causadas, directa ou indirectamente, pelo Homem no estado do ambiente;

g) "Estudo de impacte ambiental" ou "EIA", documento técnico formal, elaborado numa determinada fase do processo de AIA, que contém uma descrição sumária do projecto, a informação relativa aos estudos de base e à situação de referência bem como a identificação, avaliação e discussão dos impactos prováveis, positivos e negativos considerados relevantes e as medidas de gestão ambiental destinados a prevenir, minimizar ou compensar os impactos negativos esperados;

h) "Impacto ambiental", conjunto das consequências das alterações produzidas em parâmetros ambientais, num determinado período de tempo e numa determinada área, resultantes de um projecto, comparadas com a situação que ocorreria, nesse período de tempo e nessa área, se esse projecto não tivesse tido lugar;

i) "Monitorização", observação e recolha sistemática de dados sobre determinados projectos ou elementos ambientais relevantes sobre o estado do ambiente ou dos efeitos ambientais de determinados projectos, que se traduz num conjunto de procedimentos, da responsabilidade do promotor do projecto, tendentes à elaboração de relatórios periódicos que possibilitem a análise da eficácia final do processo de AIA;

j) "Participação", informação, consulta e envolvimento do público interessado bem corno das instituições da Administração Pública com competência em áreas específicas de licenciamento do projecto;

k) "Pós-avaliação", fase do processo de AIA conduzida após a decisão de realizar o projecto que inclui programas de monitorização e de auditoria, com o objectivo de avaliar os impactos ambientais ocorridos, a eficácia das medidas de gestão ambiental adoptadas com o fim de prevenir, minimizar ou compensar os efeitos negativos do projecto e a resposta do sistema ambiental aos efeitos produzidos pela construção, exploração e desactivação do projecto;

l) "Projecto", concepção e realização de obras de construção ou de outras intervenções no meio natural ou na paisagem, incluindo as intervenções destinadas à exploração dos recursos naturais;

m) "Promotor", pessoa individual ou colectiva, pública ou privada, que formula um pedido de autorização ou licenciamento relativo a um projecto ou que toma a iniciativa de realizar um projecto;

n) "Público interessado", conjunto dos cidadãos e suas organizações representativas potencialmente afectados na sua esfera jurídica, de forma directa ou indirecta, pelo projecto, bem como autarquias cuja área de competência possa ser potencialmente afectada pelo projecto e ainda outras entidades públicas ou privadas cujas competências ou estatutos o justifiquem;

o) "Resumo não técnico", documento síntese do Estudo de Impacto Ambiental, de apoio à participação pública, redigido e apresentado de modo sugestivo e simples de tal forma que o seu conteúdo seja acessível à generalidade do público.

Artigo 3.º
Âmbito da avaliação do impacto ambiental

A AIA atende aos efeitos directos e indirectos dos projectos sobre os seguintes factores:

a) O homem, a fauna e a flora;

b) O solo e o subsolo;

260 | *Investimento Imobiliário e Turístico em Cabo Verde*

c) A água, o ar e a luz;
d) O clima e a paisagem;
e) Os bens materiais, o património natural e cultural;
f) A interacção dos factores referidos nas alíneas anteriores.

ARTIGO 4.º
Objectivos da AIA

São objectivos fundamentais da AIA:

a) Ajudar a tomada de decisões ambientalmente sustentáveis;
b) Prevenir e corrigir na fonte os possíveis impactos ambientais negativos, produzidos por projectos,
c) Potenciar os impactes positivos produzidos pelos projectos;
d) Fazer com que seja mais eficaz, mais rápida e menos onerosa a adopção de medidas destinadas a evitar ou minimizar os impactos ambientais significativos, a reduzir ou compensar os restantes impactos ambientais negativos susceptíveis de serem produzidos pelos projectos e a potenciar os impactos positivos;
e) Garantir a participação do público rio processo de tomada de decisão,

ARTIGO 5.º
Dispensa de AIA

1. Em casos excepcionais e devidamente fundamentados, um projecto específico, público ou privado, pode, por despacho do membro do Governo responsável pela área do Ambiente, ser dispensado de AIA.

2. Para efeitos de instrução do pedido de dispensa, o promotor deve endereçar tal pedido à entidade competente para licenciar e aprovar o projecto em causa, devendo o requerimento ser acompanhado dos seguintes elementos:

a) Descrição do projecto;
b) Descrição da acção que pretende realizar;
c) Indicação dos principais efeitos no ambiente;
d) Justificação do pedido,

3. No prazo de quinze dias úteis a contar da entrega do requerimento, a entidade responsável pelo licenciamento ou aprovação procede à análise sumária do pedido, pronuncia-se sobre o mesmo e remete-o à autoridade de AIA, juntando o seu parecer.

4. A autoridade de AIA, no prazo de vinte dias úteis a contar do recebimento do requerimento, caso considere que há motivos para dispensar o projecto em causa do procedimento de AIA, o propõe ao membro do Governo responsável pela área do ambiente, através de parecer, onde deve prever medidas de minimização dos impactos ambientais considerados relevantes, a serem impostas no licenciamento ou aprovação do projecto.

5. No prazo de quinze dias úteis contados da recepção do parecer emitido pela autoridade de AIA, o membro do governo responsável pela área do ambiente decide o pedido de dispensa e em caso de deferimento, determina as medidas que devem ser impostas no licenciamento ou aprovação de projecto com vista à minimização dois impactos ambientais considerados relevantes.

6. A decisão da dispensa do procedimento de AIA, bem como os respectivos fundamentos são colocados à disposição do público interessado nos termos previstos neste diploma.

7. A ausência da decisão prevista no n.º 5, no prazo aí referido, determina o indeferimento da pretensão.

CAPITULO II
Entidades intervenientes e Competências

ARTIGO 6.º
Entidades intervenientes

No procedimento de AIA intervêm as seguintes entidades:

a) Entidade licenciadora ou competente para a autorização;
b) Autoridade de AIA;
c) Comissões Municipais de Ambiente; e
d) Comissão de Avaliação

Artigo 7.º
Entidade licenciadora ou competente para a autorização

Compete à entidade que licencia ou autoriza o projecto:

a) Receber e remeter à Autoridade de AIA todos os elementos relevantes apresentados pelo promotor para efeitos de procedimento de AIA;

b) Pronunciar-se sobre os pedidos de dispensa de procedimentos de AIA e remetê-los à Autoridade de AIA;

c) Comunicar à Autoridade de AIA a decisão final no âmbito do procedimento de licenciamento ou de autorização, para efeitos da publicitação prevista no artigo 23.º.

Artigo 8.º
Autoridade de AIA

1. É Autoridade de AIA, o Serviço responsável pela área do ambiente.
2. Compete à Autoridade da AIA:

a) Receber, coordenar e gerir administrativamente os procedimentos de AIA;

b) Nomear a comissão de avaliação;

c) Cobrar ao promotor a taxa destinada a custear as despesas de AIA;

d) Emitir parecer sobre o pedido de dispensa do procedimento de AIA de um projecto;

e) Propor, nos termos do artigo 18.º, a decisão de AIA e, após a sua emissão, notificá-la á entidade interessada;

f) Promover a participação pública;

g) Elaborar o relatório da participação pública;

h) Assegurar as respostas aos participantes, nos termos do previsto no artigo16.º;

i) Publicitar os documentos relativos ao procedimento de AIA, nos termos do artigo 23.º;

j) Proceder ao controlo dos resultados da pós-avaliação;

k) Proceder ao reconhecimento de competências, organizar e manter actualizado o registo de técnicos responsáveis por Estudos de Impacto Ambiental;

l) Organizar, manter actualizado e assegurar o acesso público ao registo de todos os EIA, respectivos pareceres finais e decisões da AIA, e decisões proferidas no âmbito dos procedimentos de licenciamento ou de autorização dos projectos sujeitos a AIA, bem como dos relatórios de monitorização e de auditorias realizados no âmbito do presente diploma;

m) Fiscalizar, em colaboração com as demais entidades competentes, o cumprimento da disciplina legal da AIA, bem como instruir os processos de contra-ordenação; e

n) Propor ou aplicar coimas, por delegação do membro do Governo responsável pela área do ambiente.

ARTIGO 9.º
Comissões Municipais de Ambiente

Compete às Comissões Municipais de Ambiente:

a) Colaborar na promoção da participação pública;

b) Participar na Comissão de Avaliação, nos termos do artigo 10.º.

ARTIGO 10.º
Comissão de Avaliação

1. Para cada procedimento de AIA é nomeada uma comissão de avaliação, constituída por um número ímpar de elementos com direito de voto, e que integra:

a) Um representante da Autoridade de AIA, que preside;

b) Técnicos especializados, em número não inferior a dois designados pela Autoridade de AIA, integrados ou não nos respectivos serviços, por forma a garantir a interdisciplinaridade da comissão;

c) Representantes das Comissões de Ambiente dos Municípios afectados pela realização do projecto.

2. Compete à Comissão de Avaliação:

a) Proceder à apreciação técnica do EIA;

b) Promover, sempre que necessário, contactos e reuniões com promotor ou entidade licenciadora;

c) Elaborar o parecer final.

Artigo 11.º
Consultores

1. Podem ser convidados pela autoridade da AIA para colaborar no procedimento de AIA, consultores especializados em diversas áreas do conhecimento científico e técnico cujo contributo seja considerado relevante em face das características do projecto.

2. Os consultores referidos no número antecedente devem apresentar uma declaração de inexistência de qualquer incompatibilidade com a AIA em questão.

CAPITULO III
Componentes de AIA

Secção I
Procedimento dia AIA

Artigo 12.º
Inicio do procedimento

1. O procedimento de AIA inicia-se com a entrega, pelo promotor, à entidade licenciadora ou competente para a autorização, de um Estudo de Impacto Ambiental, EIA, acompanhado do projecto sujeito a licenciamento.

2. O EIA e demais documentação referida no número anterior são remetidos pela entidade licenciadora ou competente para a autorização, à Autoridade de AIA, no prazo de cinco dias úteis.

3. A Autoridade de AIA instrui, no prazo máximo de quinze dias úteis, o processo relativo à AIA e nomeia a Comissão de Avaliação, à qual submete o EIA para apreciação técnica.

4. Previamente à instrução do processo, a Autoridade de AIA cobra ao promotor uma taxa destinada a compensar as despesas da AIA, de montante a fixar por Portaria conjunta dos membros do Governo responsáveis pelas áreas do ambiente e das finanças, em função do valor da obra a realizar.

5. O não pagamento da taxa referida no número anterior suspende o procedimento de AIA.

Artigo 13.º
Apresentação do EIA

1. O EIA, incluindo o Resumo não Técnico, é entregue em suporte de papel, e três exemplares, e, sempre que possível em suporte informático.

2. O EIA é da responsabilidade do promotor e deve ser elaborado por equipa interdisciplinar, integrada por técnicos de reconhecida competência na matéria.

3. Compete à Autoridade de AIA proceder ao reconhecimento dos técnicos referidos no número anterior, através de um registo organizado para o efeito nos seus serviços.

4. As especificações da estrutura, do conteúdo e do número de exemplares do EIA constam do anexo II ao presente diploma, de que faz parte integrante.

Artigo 14.º
Apreciação técnica do EIA

1. A Comissão de Avaliação procede à apreciação técnica do EIA, pronunciando-se sobre a sua conformidade com o disposto no artigo anterior, no prazo de vinte dias úteis a contar da sua recepção.

2. A Comissão de Avaliação pode solicitar ao promotor, por uma vez, reformulações, aditamentos ou informações complementares, a apresentar no prazo que fixar, sob pena de o procedimento não prosseguir, suspendendo-se entretanto os prazos do procedimento de AIA.

3. Quaisquer outros pedidos posteriores de reformulação, aditamentos ou informações complementares, não suspendem os prazos de procedimento de AIA.

4. A declaração de desconformidade do EIA, nos termos do n.º 1, deve ser fundamentada e determina o encerramento do processo de AIA.

Artigo 15.º
Participação pública

1. Declarada a conformidade do EIA, o mesmo é enviado à Autoridade de AIA, que, pelo período de quinze dias úteis, promove a participação de público interessado.

266 | *Investimento Imobiliário e Turístico em Cabo Verde*

2. São titulares do direito de participação no procedimento de AIA, qualquer cidadão, as associações representativas, a autarquia cuja área de competência possa ser afectada pelo projecto e ainda outras entidades públicas ou privadas, cujas competências ou estatutos o justifiquem.

3. São sempre ouvidas a autarquia e as entidades públicas a que se refere o número anterior, devendo as mesmas pronunciar-se no prazo de dez dias úteis;

4. O estabelecido no número anterior não prejudica a faculdade de tais entidades participarem no procedimento de AIA através dos mecanismos colocados à disposição do público.

5. A Autoridade de AIA pode ainda admitir a participação por outras formas se a natureza, o âmbito ou a complexidade do projecte o justificarem.

6. Devidamente identificados, os titulares do direito de participação podem, no prazo previsto, intervir, através de pareceres escritos, sugestões ou pedidos de esclarecimento, sobre o projecto ou sobre os elementos referidos no artigo 22.º.

7. Os pareceres podem ser enviados por via postal, por fax, por via electrónica, ou entregues, pessoalmente, na sede da Autoridade de AIA.

8. Não são considerados os pareceres anónimos, insuficientemente identificados ou com identificação falsa ou ilegível.

9. A participação pública decorre por um período do vinte dias úteis, a contar do fim do prazo de publicitação referido no artigo 22.º.

10. Quem, devidamente identificado, tiver participado por forma escrita, através de pareceres ou pedidos de esclarecimento, tem direito a receber uma resposta escrita, desde que, expressamente, o solicite.

11. Compete à Autoridade de AIA responder aos pareceres escritos e aos pedidos de esclarecimento.

ARTIGO 16.º
Parecer final sobre AIA

1. Encerrada a participação pública, a comissão de avaliação elabora no prazo de dez dias úteis, o parecer final, com base na apreciação técnica do EIA e no relatório da participação pública.

2. O parecer final sobre AIA deve ser fundamentado e compreende, caso necessário, todas as disposições que devem ser tomadas com o

objectivo de prevenir, atenuar ou anular os efeitos nefastos sobre o ambiente.

Secção III
Decisão de AIA

Artigo 17.º
Competência

1. Compete ao membro do Governo responsável pela área do ambiente, emitir a decisão de AIA, sob proposta da autoridade de AIA, no prazo de quinze dias úteis a contar da recepção desta.

2. Quando a natureza e a complexidade do projecto o justifiquem, o membro do Governo responsável pelo Ambiente pode submeter o processo ao Conselho de Ministros para o Ambiente para decisão, que deve ser proferida no prazo de vinte dias úteis a contar da recepção referida no n.º1 do presente artigo.

3. A decisão a que se referem os números anteriores é proferida com base no parecer final da AIA e nos termos dos artigos seguintes.

4. Cabe à Autoridade de AIA notificar a entidade licenciadora ou competente para a autorização, e o promotor, do conteúdo da decisão.

Artigo 18.º
Conteúdo

1. A decisão de AIA pode ser favorável, desfavorável ou condicionalmente favorável à realização do projecto, devendo, nesta última hipótese, especificar as condições em que o projecto se pode realizar.

2. A decisão de AIA é fundamentada, tendo em conta o EIA, o relatório da consulta pública e o parecer final da AIA.

3. Considera-se a decisão da AIA favorável se nada for comunicado à entidade licenciadora ou competente para a autorização, findo os prazos de procedimento, contados da data da recepção da documentação referida no n.º 2 do artigo 12.º.

4. O prazo previsto no número anterior suspende-se durante o período em que o procedimento esteja parado, designadamente nas situações previstas no n.º5 do artigo 12.º, e no n.º1 do artigo 14.º.

Artigo 19.º
Força jurídica

1. A entidade competente só pode autorizar ou licenciar o projecto, se a decisão de AIA for favorável ou condicionalmente favorável á sua realização, garantindo o pleno cumprimento das condições prescritas na decisão de AIA.

2. São nulos os actos administrativos que autorizem ou licenciem um projecto em desconformidade com o disposto no número anterior.

Artigo 20.º
Caducidade

1. A decisão final de AIA caduca se, decorridos dois anos sobre a data da sua notificação à entidade interessada, não tiver sido dado início à execução do respectivo projecto.

2. A realização do projecto relativamente ao qual se tenha verificado a caducidade prevista no número anterior exige um novo procedimento de AIA, podendo a Autoridade de AIA determinar quais os trâmites procedimentais que não necessitam de ser repetidos.

Secção IV
Publicidade das componentes de AIA

Artigo 21.º
Princípio da publicidade

1. O processo de AIA é público, devendo todos os seus elementos e peças processuais estar disponíveis para consulta nomeadamente:

a) Um representante da Autoridade da AIA que preside;

b) Técnicos especializados, em número não inferior a dois designados pela Autoridade de AIA, integrados ou não nos respectivos serviços, por forma a garantir a interdisciplinaridade da comissão;

c) Representantes das Comissões de Ambiente dos Municípios afectadas pela realização do projecto;

d) Um representante da entidade licenciadora ou competente para a autorização.

2. O EIA e o Resumo não Técnico do EIA são publicitados através dos meios disponíveis e adequados.

3. A publicidade do procedimento de AIA respeita os limites constitucionais e legalmente impostos, designadamente quanto a protecção de dados pessoais e às matérias que envolvam segredo industrial e comercial, e ainda dados cuja divulgação possa por em causa a conservação do património natural e cultural.

ARTIGO 22.º
Âmbito da publicitação

São objecto de publicitação pela autoridade de AIA, por um período de quinze dias;

a) A decisão de dispensa de procedimento de AIA;
b) O EIA;
c) O Resumo não Técnico do EIA;
d) O Parecer final sobre AIA;
e) A decisão de AIA;
f) A decisão no âmbito do procedimento de licenciamento ou autorização;
g) Os relatórios de monitorização; e
h) Os relatórios de auditoria.

ARTIGO 23.º
Formas de Publicitação

1. A publicitação é feita através da publicação de anúncios nos jornais de circulação nacional, da afixação do mesmo anúncio nas instalações das Câmaras Municipais abrangidas pelo projecto, por meios informáticos e outros adequados.

2. Sempre que a natureza do projecto o permita são afixados anúncios bem visíveis no local ou locais propostos para o projecto.

3. A Autoridade de AIA decide se, em função da natureza, dimensão, ou localização do projecto, devem ser utilizados outros meios de publicitação, como a difusão televisiva ou a radiodifusão.

270 | *Investimento Imobiliário e Turístico em Cabo Verde*

Secção V
Pós-avaliação

Artigo 24.º
Objectivos

A pós-avaliação tem por fim estabelecer um sistema de acompanhamento que, durante a construção, funcionamento e exploração e desactivação do projecto garanta:

a) O cumprimento das condições estabelecidas na decisão de AIA;

b) A determinação da eficácia das medidas previstas para evitar, reduzir ou compensar os impactos negativos, e potenciar os efeitos positivos;

c) A verificação da exactidão e correcção da avaliação de impacto ambiental realizada;

d) O eventual estabelecimento de medidas não previstas, consideradas necessárias em virtude dos resultados obtidos.

Artigo 25.º
Monitorização

1. Todos os projectos sujeitos a AIA devem ser obrigatoriamente submetidos a um processo de monitorização, salvo casos excepcionais devidamente fundamentados, como tal reconhecidos pela Autoridade de AIA.

2. A monitorização do projecto é da responsabilidade do promotor e efectua-se com a periodicidade e nos termos constantes da decisão da AIA ou, na sua falta, do EIA.

3. Os relatórios de monitorização são periodicamente submetidos à Autoridade de AIA que os aprecia de acordo com o disposto no artigo anterior, podendo, em consequência dos resultados obtidos, formular novas sugestões em relação ao conteúdo da pós-avaliação, do que dá conhecimento à entidade licenciadora ou competente para a autorização.

4. Caso a Autoridade do AIA entenda que o promotor está a violar o estabelecido no presente diploma ou as condições ambientais impostas para autorizar o projecto em causa, notifica-o para, no prazo que fixar, corrigir as disfunções detectadas.

5. Da notificação mencionada no número anterior é dado conhecimento às entidades Interessadas.

6. Quando o promotor não efectuar as correcções previstas no n.º 4, a Autoridade de AIA comunica o facto ao membro do Governo responsável pela área do ambiente que ordena a instauração do competente processo de contra-ordenação.

ARTIGO 26.º

Auditoria

1. Compete à Autoridade de AIA a realização de auditorias ambientais para verificar se o conteúdo da decisão de AIA está a ser cumprido, bem como para averiguar da exactidão das informações prestadas nos relatórios de monitorização.

2. Para cada auditoria, a Autoridade AIA designa os seus representantes, doravante designados por auditores que podem ser consultores designados ao abrigo do disposto no artigo 8.º do presente diploma.

3. No decorrer de uma auditoria ambiental, o promotor é obrigado a fornecer todos os dados respeitantes ao projecto que sejam solicitados pelos auditores, bem como facilitar o acesso a todos os locais relacionados com o desenvolvimento do projecto.

CAPITULO IV

Fiscalizações e Sanções

ARTIGO 27.º

Competências

1. Sem prejuízo das competências de fiscalização e sancionamento próprias das entidades licenciadoras ou competentes para autorizar o projecto, a fiscalização do cumprimento das disposições estabelecidas no presente diploma ou dele resultante compete:

a) À Autoridade de AIA;

b) Aos agentes de fiscalização dos sectores ligados ao ambiente, turismo e energia;

c) Aos agentes ajuramentados e designados pelo membro do governo responsável pelo sector do ambiente;

d) Aos agentes designados e credenciados pelas Câmaras Municipais.

2. Sempre que tome conhecimento de situações que indiciem a prática de uma contra-ordenação prevista no presente diploma, qualquer das entidades referidas nas alíneas b) a e) do número anterior deve dar notícia à autoridade de AIA, remeter-lhe toda a documentação de que disponha, para efeito de instauração e instrução do processo de contra-ordenação.

3. Compete ao membro do Governo responsável pela área do ambiente aplicar as coimas por violação das disposições do presente diploma, salvo quando a contra-ordenação deva ser apreciada pelo tribunal nos termos previstos na lei.

4. A competência prevista no número anterior é delegável, nos termos da lei.

ARTIGO 28.º
Contra-ordenações

1. Constitui contra-ordenação punível com coima de 500.000$00 a 5.000.000$00, a prática, por pessoa singular ou colectiva, de qualquer das seguintes infracções:

a) A execução parcial ou total de um projecto abrangido pelo disposto no artigo 5.º sem observância das medidas previstas no n.º 5 do mesmo artigo;

b) A execução de projectos sujeitos a AIA sem a decisão de AIA ou em violação do seu conteúdo;

c) A falta, ou realização deficiente, da monitorização imposta na decisão da AIA;

d) A falta de entrega dos relatórios da monitorização à autoridade de AIA nas condições e prazos fixados na decisão de AIA;

e) Qualquer impedimento ou obstáculo, da responsabilidade do promotor, à realização de uma auditoria determinada pela autoridade de AIA designadamente o não cumprimento do disposto no n.º 3 do artigo 26.º.

2. A determinação da medida concreta da coima far-se-á em função da gravidade da ilicitude, da culpa e da situação económica do infractor.

3. A tentativa e a negligência são puníveis.

Artigo 29.º
Sanções Acessórias

1. A entidade competente pode ainda impôr, simultaneamente com a coima, e em função da gravidade da contra-ordenação, a aplicação das seguintes sanções acessórias;

a) Perda, a favor do Estado, de objectos pertencentes ao agente, utilizados na prática da infracção;

b) Suspensão do exercício de profissões ou actividades cujo exercício dependa de título público ou de autorização ou de homologação de autoridade pública;

c) Privação do direito a subsídios ou benefícios outorgados por entidades ou serviços públicos;

d) Encerramento de estabelecimento cujo funcionamento esteja sujeito a autorização ou licença de autoridade administrativa.

2. As sanções referidas nas alíneas b) a d) do número anterior tem a duração máxima de dois anos, contados a partir da decisão condenatória definitiva e a sua aplicação está sujeita ao disposto no regime geral das contra-ordenações.

Artigo 30.º
Reposição da situação anterior à infracção

1. Sem prejuízo do disposto no artigo anterior, o infractor está sempre obrigado à remoção das causas da infracção a à reconstituição da situação anterior à prática da mesma ou equivalente.

2. Se os infractores não cumprirem as obrigações acima referidas no prazo que lhes for indicado, as entidades competentes mandarão proceder às demolições, obras e trabalhos necessários à reposição da situação anterior à infracção a expensas dos infractores.

3. Em caso de não ser possível a reposição da situação anterior à infracção, os infractores ficam obrigados ao pagamento de uma indemnização especial e à realização das obras necessárias à minimização das consequências provocadas.

274 | *Investimento Imobiliário e Turístico em Cabo Verde*

ARTIGO 31.º
Prazo de reconstituição

1. A entidade competente para a aplicação da coima deve fixar ao infractor um prazo razoável para a reconstituição do ambiente.

2. O infractor condenado a reconstituir a situação anterior ao cometimento da infracção, que não o fizer dentro do prazo que lhe for fixada, será punido nos termos da lei.

ARTIGO 32.º
Distribuição do produto das coimas e multas

O produto das coimas é distribuído da seguinte forma:
a) 10% Para a entidade que denúncia a infracção;
b) 30% Para a Direcção Geral do Ambiente;
c) 60% Para o Fundo do Ambiente.

CAPITULO V
Disposições Finais

ARTIGO 33.º
Regime Transitório

1. Aos pedidos de Avaliação de Impacto Ambiental já apresentados à data de entrada em vigor do presente diploma continua a ser aplicado o Decreto-Legislativo n.º 14/97, de 1 de Julho.

2. Os projectos cujos EIA tenham sido objecto de homologação, à data de entrada em vigor do presente diploma, devem adaptar-se às normas nele estabelecidas.

ARTIGO 34.º
Revogação

São revogados os artigos 3.º a 8.º, 69.º e Anexo I do Decreto-Legislativo n.º 14/97, de 1 de Julho.

ARTIGO 35.º
Entrada em Vigor

O presente diploma entra em vigor trinta dias após a sua publicação. Visto e aprovado em Conselho de Ministros, *José Maria Pereira Neves – Manuel Inocência Sousa, – Maria Madalena de Brito Neves – João Pereira Silva. - João Pinto Serra*

Promulgado em 20 de Janeiro de 2006.

Publique-se.

O Presidente da República (Interino), ARISTIDES RAIMUNDO LIMA

Referendado em 20,Janeiro de 2006.

O Primeiro-Ministro, *José Maria Pereira Neves*

ANEXO I

Projectos abrangidos pela alínea a) do n.º 2 do artigo 1.º

1. Refinarias de petróleo bruto.
2. Centrais térmicas e outras instalações de combustão.
3. Instalações destinadas à armazenagem permanente ou à eliminação definitiva de resíduos radioactivos.
4. Instalações químicas
5. Instalações de eliminação de resíduos tóxicos e perigosos por incineração, tratamento químico ou armazenagem em terra.
6. Instalações industriais de superfície para a extracção e tratamento de petróleo, gás natural e minérios.
7. Oleodutos ou gasodutos.
8. Instalações para armazenagem de petróleo e de produtos petroquímicos e químicos.
9. Construção de auto-estradas, estradas, aeroportos e aeródromos.
10. Construção de portos e instalações portuárias, portos de recreio e marinas.
11. Dragagens.
12. Barragens
13. Obras costeiras de combate à erosão marítima tendentes a modificarem a costa, quando não previstas em plano de ordenamento da orla costeira, excluindo a sua manutenção ou reconstrução, ou obras de emergência.

276 | *Investimento Imobiliário e Turístico em Cabo Verde*

14. Estaleiros navais.
15. Instalações de pecuária intensiva.
16. Armazenagem de gazes combustíveis
17. Armazenagem à superfície de combustíveis fósseis.
18. Centrais de produção de energia (eólica, das ondas, geotérmica)
19. Instalações industriais destinadas ao transporte de energia eléctrica por cabos aéreos.
20. Instalações destinadas ao fabrico e armazenamento de cimento.
21. Siderurgias.
22. Tratamento de superfície e revestimento de metais.
23. Fabrico e montagem de veículos automóveis e de motores de automóveis.
24. Instalações para reparação de aeronaves.
25. Fabrico de vidro.
26. Indústria química integrada.
27. Fabrico de pesticidas e produtos farmacêuticos, de tintas e vernizes:
    a) Pesticidas;
    b) Produtos farmacêuticos;
    c) Tintas e vernizes.

28. Fabrico de conservas de produtos animais e vegetais.
29. Indústria de lacticínios:
30. Indústria de cerveja e de malte.
31. Indústria de refrigerantes.
32. Produção e engarrafamento de água.
33. Instalações destinadas ao abate de animais.
34. Instalações de esquartejamento de animais impróprios para o consumo alimentar.
35. Fábricas de farinha de peixe.
36. Fábricas de curtumes.
37. Obras de canalização e de regularização dos cursos de água.
38. Instalações de retenção e armazenamento de água.
39. Instalações de armazenagem, transferência, tratamento ou destino final de resíduos industriais e domésticos.
40. Estações de depuração.
41. Exploração de pedreiras e outros inertes.
42. Armazenagem de sucatas.
43. Loteamentos urbanos ou industriais.
44. Complexos hoteleiros.
45. Campos de Golfe.
46. Projectos com impacto significativo nos recursos e processos constantes do Anexo II.

ANEXO II

**As especificações da estrutura do conteúdo
e do número de exemplares do EIA, a que se refere o artigo 13.º**

RECURSOS

1. Fontes de água.
2. Reservatórios de água.
3. Poços de água.
4. Solos agrícolas.
5. Zonas florestais.
6. Perímetros florestais.
7. Recursos biológicos terrestres e marinhos.
8. Habitats terrestres e marinhos.

PROCESSOS

1. Erosão de solos.
2. Desertificação.
3. Desmoronamento de terras.
4. Degradação de praias.
5. Degradação da vegetação e do coberto vegetal.
6. Diminuição das populações de animais.
7. Zonas litorais vulneráveis.
8. Zonas deficientemente urbanizadas.
9. Zonas em degradação.
10. Intrusão salina.

O Primeiro-Ministro, *José Maria Pereira Neves*

LEI N.º 88/V/98
de 31 de Dezembro

**Lei que aprova o regime jurídico de protecção
e defesa dos consumidores em Cabo Verde**

Por mandato do povo, a Assembleia Nacional decreta, nos termos da alínea b) do artigo 186.º da Constituição, o seguinte:

CAPÍTULO I
Disposições Gerais

ARTIGO 1.º
(Objecto)

A presente Lei aprova o regime jurídico de protecção e defesa dos consumidores, definindo as funções do Estado e das autarquias locais, os direitos dos consumidores e a intervenção das associações de consumidores.

ARTIGO 2.º
(Definição)

Considera-se consumidor todo aquele a quem sejam fornecidos bens, prestados serviços ou transmitidos quaisquer direitos, destinados ao uso não profissional, por pessoa que exerça com carácter profissional uma actividade económica que vise a obtenção de benefícios.

280 | *Investimento Imobiliário e Turístico em Cabo Verde*

ARTIGO 3.º
(Âmbito)

Apresente lei aplica-se aos bens, serviços e direitos fornecidos por quaisquer entidades privadas e públicas nomeadamente sociedades comerciais, associações, agrupamento de empresas, cooperativas, organismos da Administração Pública ou das autarquias locais, pessoas colectivas públicas, empresas públicas, de capitais públicos ou detidos maioritariamente pelo Estado ou autarquias locais e empresas concessionárias de serviços públicos.

ARTIGO 4.º
(Funções gerais de protecção do Estado e das autarquias locais)

1. Incumbe ao Estado e às autarquias locais proteger o consumidor, designadamente através do apoio à constituição e funcionamento das associações de consumidores, bem como à execução do disposto da presente lei.

2. A incumbência geral do Estado na protecção dos consumidores pressupõe a intervenção legislativa e regulamentar adequada em todos os domínios envolvidos.

ARTIGO 5.º
(Função de formação e informação)

1. Incumbe ao Estado a promoção de uma política educativa para os consumidores, pela integração, através da concretização em programas e nas actividades escolares, bem como nas acções de educação permanente, de matérias relacionadas com o consumo e dos direitos dos consumidores, usando, designadamente, os meios tecnológicos próprios numa sociedade de informação.

2. Incumbe ao Estado e às autarquias locais desenvolver acções e adoptar medidas tendentes à formação e à educação do consumidor, designadamente através de:

a) Concretização, no sistema educativo, em particular no ensino básico e secundário, programa de actividades de educação para o consumo;

b) Apoio às iniciativas que neste domínio sejam promovidas pelas associações de consumidores;

c) Promoção de acções de educação permanente de formação e sensibilização para o consumo em geral;

d) Promoção de uma política nacional de formação de formadores e de técnicos especializados na área do consumo.

3. Os programas de carácter educativo difundidos no serviço público de rádio e de televisão devem integrar os espaços destinados à educação e formação do consumidor.

4. Na formação do consumidor devem igualmente ser utilizados meios telemáticos, designadamente através de redes nacionais e mundiais de informação, estimulando-se o recurso a tais meios pelo sector público privado e cooperativo.

ARTIGO 6.º
(Função de informação em geral)

1. Incumbe ao Estado desenvolver acções e adoptar medidas tendentes à informação em geral do consumidor designadamente através de:

a) Apoio às acções de formação e informação promovidas pelas associações de consumidores;

b) Criação de base e dados e arquivos acessíveis, de âmbito nacional, no domínio do direito do consumo e direitos do consumidor, destinados a difundir a informação geral e específica e de acesso livre.

2. O serviço público, de rádio e de televisão deve reservar espaços em termos que a lei definirá, para a promoção dos interesses e direitos do consumidor.

3. A informação ao consumidor é prestada em línguas portuguesa e cabo-verdiana.

4. A publicidade deve ser lícita, inequivocamente identificada e respeitar a verdade e os direitos dos consumidores.

5. As informações concretas e objectivas contidas nas mensagens publicitárias de determinado bem, serviço ou direito consideram-se integradas no conteúdo dos contratos que se venham, a celebrar após a sua emissão, tendo-se por não escritas as cláusulas contratuais em contrário.

282 | *Investimento Imobiliário e Turístico em Cabo Verde*

6. Incumbe às autarquias locais desenvolver acções e adoptar medidas tendentes a informação em geral do consumidor designadamente através de:

a) Integração da função informação e formação do consumidor nos serviços municipais competentes;
b) Adopção de mecanismos de acompanhamento, supervisão e controlo das medidas de defesa do consumidor;
c) Criação de serviços municipais de informação ao consumidor;
d) Constituição de conselhos municipais de consumo, com representação, designadamente, de associações de interesses económicos e de interesses dos consumidores.

CAPÍTULO II
Direito dos consumidores e deveres dos Fornecedores

ARTIGO 7.º
(Direitos do consumidor)

O consumidor tem direito:

À qualidade dos bens e serviços;
À protecção da saúde e da segurança física;
A formação e a educação para o consumo;
À informação para o consumo;
À protecção dos direitos económicos;
À prevenção e à reparação dos danos patrimoniais ou não patrimoniais que resultem da ofensa de interesses ou direitos individuais homogéneos, colectivos ou difusos;
À participação, por via representativa, na definição legal ou administrativa dos seus direitos e interesses;
À resolução judicial dos seus conflitos em seja parte, pelo processo mais célebre previsto na Lei geral incluindo, as providências cautelares;
À isenção de prepares de custas judiciais nos processos em que seja parte

À informação prévia em processos de corte ou interrupção de fornecimento de bens ou serviços prestados efectuados por empresas
funcionando em regime de monopólio e exclusivo / ou que sejam
concessionários de serviço público

ARTIGO 8.º
(Direito à qualidade de bens e serviços)

1. Os bens e serviços destinados ao consumo devem ser aptos a
satisfazerem os fins e as necessidades a que destinam e que produzem
efeitos que se lhes atribui, segundo as normas normalmente estabelecidas
ou na falta delas de modo adequado às legítimas expectativas do consumidor.

2. Sem prejuízo do Estabelecimento de prazos mais favoráveis por
convenção das partes ou pelos usos, o fornecimento de bens móveis não
consumíveis está obrigado a garantir o seu bom funcionamento por
período nunca inferior a um ano.

3. O consumidor tem direito a uma garantia mínima de cinco anos
para os imóveis.

4. O decurso do prazo de garantia suspende-se durante o período de
tempo em que o consumidor se achar privado de uso dos bens em virtude
das operações de reparações resultantes de efeitos originários.

ARTIGO 9.º
(Direito à protecção da saúde e da segurança física)

É proibido o fornecimento de bens ou prestação de serviços que, em
condições de uso normal previsível, incluindo a duração, impliquem riscos incompatíveis com a sua utilização, não aceitáveis de acordo com um
nível elevado de protecção da saúde e da segurança física das pessoas.

Os serviços da Administração Pública, autarquias locais que, no
exercício das suas funções, tenham conhecimento da existência de bens
ou serviços proibidos nos termos do número anterior devem notificar tal
facto às entidades competentes para fiscalização do mercado.

Os organismos competentes da Administração Pública devem man-
dar apreender e retirar do mercado e interditar as prestações de serviço
que impliquem perigo para a saúde ou segurança física dos consumidores,
quando utilizados em condições normais ou razoavelmente previsíveis.

Artigo 10.º
(Direito à formação e educação)

Os consumidores tem direito à receber a formação e a educação para o consumo por forma à poderem conhecer a qualidade e as características dos bens fornecidos, dos serviços prestados e dos direitos transmitidos e estarem aptos para optarem no processo de negociação ou aquisição.

Artigo 11.º
(Direito à informação e ao dever de informar)

O consumidor tem direito a receber informação geral e particular sobre todos os bens, serviços e direitos oferecidos no mercado pelo fornecedor para o consumo ou aquisição.

O fornecedor de bens ou prestador de serviços, deve, tanto nas negociações como na celebração de um contrato, informar clara, objectiva e adequadamente o consumidor nomeadamente, sobre as características, composição e preço do bem ou serviço, bem como sobre o período de vigência do contrato, garantias, prazos de entrega e assistências após a conclusão do negócio jurídico.

A obrigação de informar impede também sobre o produtor, o fabricante, o importador, o distribuidor, o embalador e o armazenista, para que cada elo do ciclo produção – consumo possa encontrar-se habilitado à cumprir a sua obrigação de informar o elo imediato até ao consumidor, destinatário final da informação.

Os riscos para a saúde e segurança dos consumidores que possa resultar da normal utilização de bens ou serviços perigosos devem ser comunicados, de modo claro, completo e adequado, pelo fornecedor ou prestador de serviço ao potencial consumidor.

Quando se verifique falta de informação, informação insuficiente, ilegível ou ambígua que comprometa a utilização adequada do bem ou serviço, o consumidor goza do direito de retratação do contrato relativo á sua aquisição ou prestação, no prazo de sete dias úteis a contar da data da recepção do bem ou da data da celebração do contrato de prestação de serviços.

O fornecedor de bens ou prestador de serviços e direito que viole o dever de informar responde pelos danos que causar ao consumidor, sendo solidariamente responsáveis os demais intervenientes na cadeia da produção, à distribuição que hajam violado o dever de informação.

O dever de informar não deve ser denegado ou condicionado por invocação de segredo de fabrico não tutelado na lei, nem pode prejudicar o regime jurídico das cláusulas contratuais gerais ou contra legislação mais favorável para o consumo.

ARTIGO 12.º
(Dever de comunicação por parte das empresas de monopólio e exclusivo)

Os serviços e as empresas que funcionam em regime de monopólio ou exclusivo e que fornecem bens ou que prestem serviços essenciais aos consumidores são obrigados a prestar informação pública sempre que se desenvolvam operações de corte ou interrupção de fornecimento de bens ou prestação de serviços

Os actos de corte ou interrupção de fornecimentos de bens e prestação de serviços quando se fundem em falta de pagamento de factura devem ser comunicados ao consumidor em antecedência de quinze dias em relação á data marcada para a sua execução.

ARTIGO 13.º
(Direito à protecção dos interesses económicos)

O consumidor tem o direito à protecção dos seus interesses económicos, impondo-se nas relações jurídicas do consumo a igualdade material dos intervenientes, a lealdade e a boa fé, nos preliminares, na formação e ainda na vigência dos contratos.

Com vista à prevenção de abusos resultantes de contratos pré-elaborados, o fornecedor de bens e prestadores de serviços estão obrigados:

a) À redacção clara e precisa, em caracteres facilmente legíveis, das cláusulas contratuais gerais, incluindo as inseridas em contratos singulares;

b) À não inclusão de clausulas em contratos que originem significativo desequilíbrio em detrimento do consumidor.

A inobservância do disposto no número anterior fica sujeita ao regime de cláusulas contratuais gerais.

O consumidor não fica obrigado ao pagamento de bens ou serviços que não tenha previa e expressamente encomendado ou solicitado, ou

286 | *Investimento Imobiliário e Turístico em Cabo Verde*

que não constitua o cumprimento do contrato inválido, não lhe cabendo, do mesmo modo, o encargo da sua devolução ou compensação, nem a responsabilidade pelo risco de perecimento ou deterioração da coisa.

O consumidor tem direito à assistência após a venda, com incidência no fornecimento de peças e acessórios, pelo período de duração média normal dos produtos fornecidos.

É vedado ao fornecedor ou prestador de serviços fazer depender o fornecimento de um bem ou a prestação de um serviço da aquisição ou da prestação de um outro ou outros.

ARTIGO 14.º
(Direito à reparação de danos)

O consumidor a quem seja fornecida a coisa com defeito, salvo se dele tivesse sido previamente informado e esclarecido antes da celebração do contrato, pode exigir, independentemente de culpa do fornecedor do bem, a reparação da coisa, a redução do preço ou a resolução do contrato.

O consumidor deve denunciar o defeito no prazo de 30 dias, caso se trate de um bem móvel, ou de um ano, se se tratar de imóvel, após o seu conhecimento dentro de prazos legais de garantia previstos na presente lei.

Os direitos conferidos ao consumidor nos termos do número 1, caducam findo qualquer dos prazos referidos no número anterior sem que o consumidor tenha feito a denúncia ou decorridos sobre estes seis meses, não se contando para o efeito o tempo dispendido com as reparações.

Sem prejuízo do disposto no número anterior, o consumidor tem direito à indemnização por danos patrimoniais e não patrimoniais resultantes do fornecimento de bens e prestação de serviços defeituosos.

O produtor é responsável, independentemente de culpa, pelos danos causados pelos defeitos de produtos que coloque no mercado, nos termos da lei.

ARTIGO 15.º
(Direito de participação por via representativa)

O direito de participação consiste, nomeadamente na audição e consulta prévia, em prazo razoável, das associações de consumidores no

tocante às medidas que afectem direitos ou interesses legalmente prote-
gidos dos consumidores.

ARTIGO 16.º
(Nulidade)

Sem prejuízo do regime das cláusulas contratuais gerais, qualquer
convenção ou disposição contratual que exclua ou restrinja os direitos
atribuídos pela presente lei é nula.

A nulidade referida no número apenas pode ser invocada pelo consumidor ou seus representantes.

O consumidor pode optar pela manutenção do contrato quando algumas das suas cláusulas forem nulas nos termos do n.º 1.

CAPÍTULO III
Instituições de promoção e tutela
dos direitos do consumidor

ARTIGO 17.º
(Associação de consumidores)

1. As associações de consumidores são associações dotadas de per-
sonalidade jurídica, sem fins lucrativos e com o objectivo principal de
proteger os direitos e os interesses dos consumidores em geral ou dos
consumidores seus associados.

2. As associações de consumidores podem ser de âmbito nacional,
regional ou local, consoante a área a que circunscrevem a sua acção e
tenham, pelo menos, 200,100 ou 50 associados, respectivamente.

3. As associações de consumidores podem ser ainda de interesses
genéricos ou de interesses específico:

a) São de interesse genérico as associações de consumidores cujo
fim estatuário seja a tutela dos direitos dos consumidores em geral;

b) São de interesse específico as demais associações de consumidores de bens e serviços determinados.

288 | *Investimento Imobiliário e Turístico em Cabo Verde*

ARTIGO 18.º
(Direitos das Associações de consumidores)

1. As associações de consumidores gozam dos seguintes direitos:

a) Ao estatuto de parceiro social em matérias que digam respeito a política de consumidores, nomeadamente traduzido da indicação de representantes para órgãos consulta a concentração que se ocupem da matéria;

b) Direito de antena na rádio e na televisão, nos mesmos termos das associações com estatuto de parceiro social;

c) Direito a representar os consumidores no processo de consulta e audição pública a realizar no decurso das tomadas de decisão susceptíveis de afectar os direitos e interesses daqueles;

d) Direitos a solicitar, junto das autoridades administrativas ou jurídicas competentes a apreensão e retirada de bens do mercado ou interdição de serviços lesivos dos direitos e interesses dos consumidores;

e) Direito de corrigir e a responder ao conteúdo da mensagens publicitárias relativas a bens e serviços colocados no mercado, bem como a requerer, junto das autoridades competentes, que seja retirada do mercado publicidade enganosa ou abusiva;

f) Direito a consultar os processos e demais elementos existentes nas repartições e serviços públicos de administração central ou local que contenham dados sobre as características de bens e serviços de consumo e divulgar as informações necessárias à tutela dos interesses dos consumidores;

g) Direito a serem esclarecidas sobre os elementos e condições de formação dos preços de bens e de serviços, sempre que o solicitem;

h) Direito de participar nos processos de regulação de preços de fornecimentos de bens e de prestações de serviços essenciais, nomeadamente nos domínios da água, energia, gás, transportes e telecomunicações, e a solicitar os esclarecimentos sobre as tarifas praticadas e a qualidade dos serviços, por forma a poderem pronunciar-se sobre elas;

i) Direitos a solicitar aos laboratórios oficiais a realização de análises sobre as composições ou sobre o estado de conservação e demais características dos bens destinados ao consumo público e tornarem públicos os correspondentes resultados, devendo o serviço ser prestado com urgência necessária segundo tarifa que não, ultrapassa o preço de custo;

j) Direito à presunção de boa fé das informações por ela prestadas;

k) Direito à acção popular, nos termos da lei;

l) Direito de queixa e denuncia, bem como direito de se constituírem como assistentes em sede do processo penal e acompanharem o processo contra – ordenacional, quando o requeiram, apresentando memoriais, pareceres técnicos, sugestões de exame ou outras diligências de prova até que o processo esteja pronto para decisão final;

m) Direito à isenção do pagamento de custas, preparos e impostos de selos, nos termos da lei;

n) Direito de receber apoio do Estado através da administração central, e local para prossecução dos seus fins, nomeadamente no exercício da sua actividade no domínio da formação e representação dos consumidores;

o) Direito a benefícios fiscais idênticos aos concedidos ou conceder às instituições de utilidade pública.

2. Os direitos previstos nas alíneas a)e b) do número anterior são exclusivamente conferidos às associações de consumidores de âmbito nacional e de interesse genérico.

3. O direito previsto na alínea h) do n.º1 é conferido às associações de interesse específico quando esses interesses estejam directamente relacionados com o bem ou serviço que é objecto da regulação de preços e para os serviços de natureza não local, exclusivamente conferido a associações de âmbito nacional.

Artigo 19.º
(Acordos de conduta)

As associações de consumidores podem negociar com os profissionais ou as suas organizações representativas acordos de boa conduta, destinados a reger as relações entre uns e outros.

Os acordos referidos no número anterior não podem contrariar os preceitos imperativos da lei, designadamente os da lei da concorrência,

290 | *Investimento Imobiliário e Turístico em Cabo Verde*

nem conter disposições menos favoráveis aos consumidores do que as legalmente previstas.

Os acordos de boa conduta celebrados com associações de consumidores de interesse genérico obrigam os profissionais ou representados em relação a todos os consumidores, sejam ou não membros das associações intervenientes.

Os acordos atrás referidos devem ser objecto de divulgação, nomeadamente através da afixação nos estabelecimentos comerciais, sem prejuízo de utilização de outros meios informativos mais circunstanciados.

ARTIGO 20.º
(Ministério Público)

Incumbe também ao Ministério Público a defesa dos consumidores no âmbito da presente lei e no quadro das respectivas competências, intervindo em acções administrativas e cíveis tendentes à tutela dos interesses individuais homogéneos, bem como de interesses colectivos ou difusos dos consumidores.

ARTIGO 21.º
(Conselho Nacional do Consumo)

O Governo providenciará a criação do Conselho Nacional do Consumo que será um órgão de consulta e acção pedagógica e preventiva, exercendo a sua acção em todas as matérias relacionadas com o interesse dos consumidores e de coordenação e execução de medidas tendentes à protecção, informação e apoio aos consumidores e suas organizações.

Serão, nomeadamente, funções do Conselho:

Pronunciar sobre todas as questões relacionadas com o consumo que sejam submetidas à sua apreciação pelo Governo ou pelas associações de consumidores ou por outras entidades nele representadas;

Emitir parecer prévio sobre iniciativas legislativas relevantes em matéria do consumo;

Estudar e propor ao Governo a definição das grandes linhas políticas e estratégicas gerais sectoriais de acção na área do consumo;

Aprovar recomendações as entidades públicas ou privadas ou aos consumidores sobre temas, actuações ou situações de interesse para a tutela dos direitos do consumidor;

Solicitar e obter das entidades fornecedoras de bens e prestadoras de serviços, mediante pedido fundamentado, as informações e elementos necessários à salvaguarda dos direitos e interesses dos consumidores, bem como realizar diligências necessárias para esse efeito;

Requerer às autoridades competentes medidas cautelares de cessação, suspensão ou interdição de fornecimento de bens e prestações de serviço que, independentemente de prova de uma perda ou prejuízo real, pelo seu objecto, forma ou fim, acarretem ou possam acarretar riscos para a saúde, segurança e os interesses económicos dos consumidores.

Incumbe ao Governo, mediante diploma próprio, regulamentar o funcionamento, a composição e o modo de designação dos membros do Conselho Nacional do Consumo devendo, em todo caso, ser assegurada uma representação dos consumidores não inferior a 50% da totalidade dos membros do Conselho.

CAPÍTULO IV
Disposições Finais

ARTIGO 22.º
(Profissões liberais)

O regime de responsabilidade por serviços prestados por profissionais liberais será regulamentado em leis próprias.

ARTIGO 23.º
(Prazo de Regulamentação)

O Governo regulamentará a presente lei no prazo de 120 dias após a sua publicação.

ARTIGO 24.º
(Entrada em vigor)

A lei entra em vigor no prazo de 120 dias, após a sua publicação.

Aprovada em 16 de Dezembro de 1998.

292 | *Investimento Imobiliário e Turístico em Cabo Verde*

O Presidente da Assembleia Nacional, *António do Espírito Santo Fonseca.*

Promulgada em 28 de Dezembro de 1998.

Publique-se

O Presidente da República, ANTÓNIO MANUEL MASCARENHAS GOMES MONTEIRO.

Assinada em 29 de Dezembro de 1998.

O Presidente da Assembleia Nacional, *António do Espírito Santo Fonseca.*

ÍNDICE

Prefácio 5

Nota Prévia 7

Propriedade e Contratualização Civil

– Constituição da República de Cabo Verde (trechos relevantes) 11

– Código Civil (trechos relevantes) 15

Turismo

– Lei n.º 55/VI/2005 de 10 de Janeiro – Regime do Estatuto de Utilidade Turística 41

– Decreto-Lei n.º 2/93 de 1 de Fevereiro – Zonas Turísticas Especiais 51

– Decreto-Lei n.º 7/2009 de 9 de Fevereiro – Regime especial para a disposição, transmissão, oneração e registo imediato de prédio urbano ou fracção autónoma integrado em projecto de empreendimentos turísticos 59

Licenciamento de Estabelecimentos Hoteleiros

– Decreto-Lei n.º 14/94 de 14 de Março – Estatuto da Indústria Hoteleira e Similar 73

– Decreto Regulamentar nº 4/94 de 14 de Março – Regulamento do Estatuto da Indústria Hoteleira e Similar 93

294 | *Investimento Imobiliário e Turístico em Cabo Verde*

Investimento Externo

– Lei n.º 89/IV/93 de 13 de Dezembro – Lei do Investimento Externo 191
– Decreto Regulamentar n.º 1/94 de 3 de Janeiro – Regulamento da Lei do Investimento Externo 203
– Decreto Regulamentar n.º 12/2009 de 20 de Julho – Estatutos da Cabo Verde Investimentos – CI 201

Promoção e Licenciamento de Projectos Imobiliários

– Decreto n.º 130/88 de 31 de Dezembro – Regulamento Geral de Construção e Habitação Urbana (trechos relevantes) 243

Ambiente e Defesa do Consumidor

– Decreto-Lei n.º 29/2006 de 6 de Março – Regime Jurídico da Avaliação do Impacto Ambiental dos Projectos Susceptíveis de Produzir Efeitos no Ambiente 257
– Lei n.º 88/V/98 de 31 de Dezembro – Regime Jurídico de Protecção e Defesa dos Consumidores 279